サラリーマンでも
3年で年収1億円を稼ぐ「再生」不動産投資

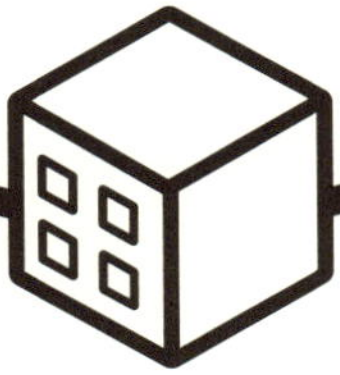

湘南再生大家
天野真吾
Shingo Amano

ぱる出版

はじめに　……全空物件には伸びしろしかない！

「いい物件あったら紹介してください」

これは、初心者が不動産業者に言いがちなセリフとしてよく話されます。実際、ここまでひどいセリフを吐く人は少ないと思いますが、次のように思っている投資初心者は少なくないのでないでしょうか？

「購入物件は、立地が良く、利回りが高く、入居率が高くなくてはいけない」

はっきり言いましょう。あなたがすでに資産家であるならともかく、一般の個人投資家にそんな「一流物件」はおいそれと回ってきません。そういう「おいしい物件」は、超のつくお金持ちや資産何百億という大投資家が早々と購入してしまいます。

流しそうめんでいうと、我々のような個人の不動産投資家は、下流でそうめんを待っている状態なのです。まず、このことを認識しましょう。

では、我々は購入に値《あたい》するような物件にありつけないのでしょうか？　そうではありません。資産家や大投資家が見逃すような「二流物件」にも、磨けば光る「一流物件」はあるのです。ポテンシャルは高いのに、不運にも「二流」に甘んじている物件を激安で購入して「一流」に再生する、これが「再生」不動産投資のコンセプトです。

はじめまして。私は「湘南再生大家」こと、天野真吾です。中古物件の再生をメインとした不動産投資をしています。私はサラリーマンをしながら２００８年に不動産投資を始め、3年経たずして家賃年収1億円を達成しました。現在の所有物件は12棟約２００室で、エリアは地方と首都圏に分散して保有しており、家賃年収は２億円を突破しました。さらに詳しい経歴は、「健美家《けんびや》」のコラムに掲載しているので、そちらもご参照くだされば幸いです。

さて、「再生」といっても、私の投資手法は築古の木造物件をリノベーションするわけではありません。空室率50％以上で築浅の中古物件を購入して、運営改善により満室に再生するというものです。Ｐ８に私の全保有物件の購入時空室率が掲載されていますが、すべて1年内の満室化に成功しています。

私の手法は相場より安値で購入して満室にするため、着実なインカムゲインで稼ぎつつ、いつでも購入時の1・5〜2倍で売却できる「出口」が用意されることになります。

多くの投資家は空室率の高さをリスクと捉えますが、私にとってはチャンスでしかありません。満室物件が安く売られることはないので、購入できたとしても経営が低迷すれば、採算が取れず、売却もしづらい物件になってしまいます。一方、空室率の高い物件は、経営が低迷して入居率を伸ばすことができなくても、安値で購入できるので、出口を用意しやすいのです。

私にとって、満室物件は「伸びしろの少ない物件」、空室率の高い物件は「伸びしろだらけの物件」です。リスクの面からいっても、「再生」不動産投資は、「安値で購入」という前提を守れば、通常の不動産投資と同程度だと思います。本書で詳しく紹介しますが、初心者がよく一棟目に手を出す「新築木造アパート」を競争の激しいエリアに建てるほうがよほど危険だと、私は思ってます。

不動産投資は常に不公平です。資産、人脈、リソース、始める前からスタート地点が異なっています。「もたざる者」が「もっている者」と肩を並べていくことは至難のわざです。なら、どうするか？　決まっています。頭を使ってそれでも成功していく術を考えるのです。不公平だからこそ、それを逆転していく楽しさがあるのです。

私が会ってきた不動産投資家の中には、投資に失敗したり、一部の悪意ある不動産会社に騙されたりしている方がいました。本書が一人でも多くの不動産投資家の成功の一助になれば幸いです。

そして一つでも多くの、運営状態のよくない不動産、土地、建物が再生されることで、入居者の笑顔につながることを祈っております。

２０１７年７月

湘南再生大家　天野真吾

天野式リフォーム・リノベーションの一例

●各部屋に個性を持たす

天野式リフォームは、全部屋でコンセプトを変えていく。画一的に真っ白だったキッチンを赤・緑など様々なカラーで個性を持たせることで、内見者は「どうしようかな」から「どこの部屋にしようかな」となり、内見決定率を大幅に上げていく。

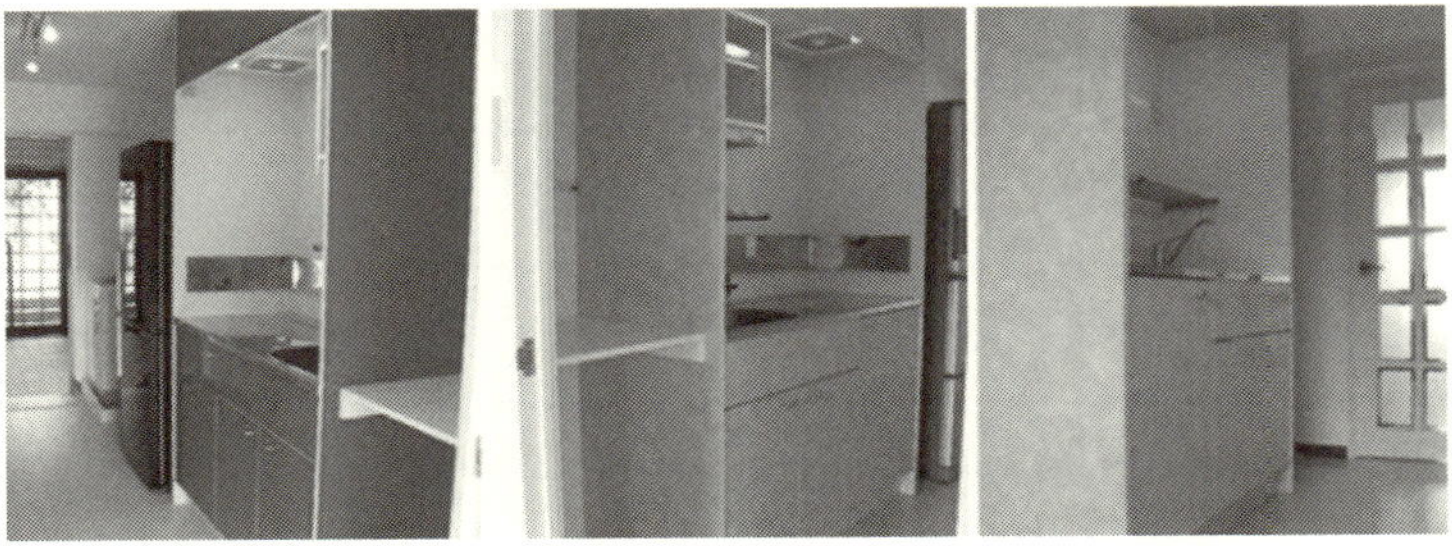

●共用部のリフォームは注意が必要

建物の顔といえる1階エントランスにしつらえたウェルカムボード。ただし、共用部の再生費用は高額になりがちなので、上記のような室内リフォームを優先させること（P111-112）

物件詳細と空室率改善の一覧

※番号は P9 の写真と対応
全物件にて購入 1 年後に満室化

		所在地・種別・間取り・世帯数	購入時の空室率
売却	①	福岡県福岡市の中古ＲＣ一棟マンション 〈1k × 15 戸〉	55%
	②	静岡県焼津市の中古木造一棟アパート 〈2LDK（メゾネット物件）× 2 戸〉	100%
	③	静岡県焼津市の中古軽量鉄骨一棟アパート 〈1LDK × 8 戸〉	90%
	④	静岡県静岡市の中古木造一棟アパート (B 棟) 〈1k × 8 戸〉	50%
	⑤	静岡県静岡市の中古木造一棟アパート (A 棟) 〈1k × 10 戸〉	60%
	⑥	愛知県名古屋市の中古ＲＣ一棟マンション 〈1k × 20 戸〉	85%
	⑦	埼玉県さいたま市の中古ＲＣ一棟マンション 〈3LDK × 21 戸＋2テナント〉	65%
	⑧	神奈川県座間市中古ＲＣ一棟マンション 〈1LDK × 12 戸〉	40%
	⑨	神奈川県厚木市の中古重量鉄骨一棟マンション 〈2LDK ×9戸〉	90%
	⑩	神奈川県海老名市の中古ＲＣ一棟マンション 〈2LDK × 24 戸〉	70%
	⑪	東京都郊外の中古ＲＣ一棟マンション 〈3LDK ×4LDK × 25 戸〉	40%
	⑫	東京都渋谷区の新築ＲＣ一棟マンション 〈1 k ×5戸〉	(100%)
	⑬	東京都板橋区の中古ＲＣ一棟マンション 〈3LDK × 23 戸〉	60%

著者所有物件の一覧

②

③

④ ⑤

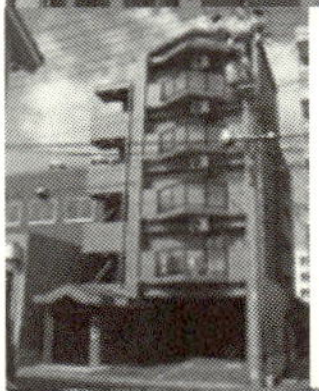

⑥

⑦

⑧

⑨

⑩

⑪ ⑫

⑬

序章

前提編

「不動産投資」は「事業」です！

00 不動産賃貸業を〈できる大家〉は、「事業」と考える……20

第1章

物件選定編

ガラガラ物件を避けるのではなく狙う

01 投資判断を〈できる大家〉は、自分の体験に求める……24
02 空室情報を〈できる大家〉は、チャンスと捉える……28
03 物件売却のとき〈できる大家〉は、売り主の理由にも着目する……32
04 物件の価格交渉のとき〈できる大家〉は、売り主の残債を考慮して指値をする……36
05 物件を購入するとき〈できる大家〉は、売り主の手残りを見る……41
06 物件を購入するとき〈できる大家〉は、金利4・5%を上手に活用する……45
07 物件を購入するとき〈できる大家〉は、出口を見据えている……51

08 物件購入の検討時〈できる大家〉は、**妥協すべき点を見極める**…54
09 物件の購入時〈できる大家〉は、**未来の賃貸需要を予想する**…57
10 1棟目を購入するとき〈できる大家〉は、**今後のすべてが決まると考える**…60
11 インカムとキャピタルについて〈できる大家〉は、**両方考える**…63
12 不動産買い付けのとき〈できる大家〉は、**客観的な指値をする**…67

コラム❶―物件再生中に言われた入居者からの無理難題…69

結論①…72

第2章

融資編 全空物件でも融資を得るコツ

13 金融機関に行くとき〈できる大家〉は、**紹介で訪問する**…74
14 融資に強い金融機関の情報を得るとき〈できる大家〉は、**成功大家から仕入れる**…76
15 「いい物件」の基準を〈できる大家〉は、**自分の購入基準に求める**…79

16 サラリーマンに不動産融資がでる現状を〈できる大家〉は、**「歪《いびつ》」と捉えている**…82
17 自己資本比率について〈できる大家〉は、**細心の注意を払って融資を受ける**…85
18 融資を受けるとき〈できる大家〉は、**えり抜きの個人・法人を鍛え上げる**…88
19 融資を受けるとき〈できる大家〉は、**融資の出る個人・法人を作る**…92
20 融資担当者の言葉を〈できる大家〉は、**裏を読んで理解する**…96
結論②…98

第3章

居住率50%増を当たり前にする業者との付き合い方

管理運用編

21 トラブルが起きたとき〈できる大家〉は、**問題解決を最優先する**…100
22 管理会社を〈できる大家〉は、**手のひらのうえで転がす**…103
23 管理会社に依頼事項があるとき〈できる大家〉は、**メールをする**…106
24 物件を購入したあと〈できる大家〉は、**まず清掃を行う**…108
25 リフォーム・リノベーションを〈できる大家〉は、**客付け前に行う**…111

26 管理会社を選ぶとき〈できる大家〉は、**数値で選定する**……114
27 退去者が出るたび〈できる大家〉は、**満室に意地でも戻す**……119
28 不動産賃貸業を〈できる大家〉は、**相手のニーズを満たす職業と捉える**……121
結論③……124

第4章

再生編 資産価値を爆発的に高める再生ノウハウ

29 不動産再生事業について〈できる大家〉は、**価値を見いだす**……126

30 リターンについて〈できる大家〉は、**投資の後に発生すると考える**……130

31 リフォーム・リノベーションを〈できる大家〉は、**差別的に行う**……135

32 再生が可能かどうかを〈できる大家〉は、**建物全体で判断をする**……141

33 この投資が成功したかどうかを〈できる大家〉は、**売却後に総合的に判断する**……144

34 出口について〈できる大家〉は、**いつでも用意している**……147

コラム❷ ―再生物件購入に「特殊ルート」はあるのか?……149

結論④……152

第5章

自己資金編 激安自宅を購入してお金が貯まる仕組みを作る

35 自宅を購入するとき〈できる大家〉は、**年収の1~2倍の家を買う**……154

36 物件購入の練習を〈できる大家〉は、**自宅購入に求める**……157

37 セミナー後の飲み会参加時〈できる大家〉は、**知識を仕入れることを目的とする**……160

38 貯金するとき〈できる大家〉は、**貯める仕組みに「ど根性」をプラスする**……162

コラム❸——再生物件が不調なら「破綻」はあるのか?……165

結論⑤……168

第6章

家族協力編

家族の理解なくして大家の成功はない

39 家族をまとめるとき〈できる大家〉は、**みんなの協力に求める**……170

40 ビジネスがうまくいくのを〈できる大家〉は、**家族のおかげだと感じられる**……172

41 家族の協力を得るために〈できる大家〉は、**まず自分が人一倍努力する**……174

42 物件見学に行くとき〈できる大家〉は、**家族を伴う**……176

43 配偶者との物件見学時〈できる大家〉は、**購入予定物件より大きい物件も見る**……178

コラム④ ――1棟目に半分空き物件を買って大丈夫か?……180

結論⑥……182

第7章

マインド編 実際ノウハウだけで成功することは難しい

44 誰かに指示をするとき〈できる大家〉は、**具体的かつ優先順位も明確**…184
45 アクションの初動を〈できる大家〉は、**自分に求める**…186
46 人と接するとき〈できる大家〉は、**自然に振る舞う**…188
47 問題解決を行うとき〈できる大家〉は、**論理的に周りに協力を求める**…189
48 トラブルがおきたとき〈できる大家〉は、**順を追って解決しようとする**…191
49 コントロール範囲を〈できる大家〉は、**自分の内におさめる**…193
50 お金を集めるために〈できる大家〉は、**義理人情を大切にする**…195
51 不動産投資を〈できる大家〉は、**入居者目線で行う**…197
52 投資モチベーションを〈できる大家〉は、**事業の魅力から高める**…200
53 人と出会うとき〈できる大家〉は、**その人に縁を感じる**…202
結論⑦…204

◎本文イラスト…増田安紀

「再生」不動産投資により3年で1億稼ぐロードマップ

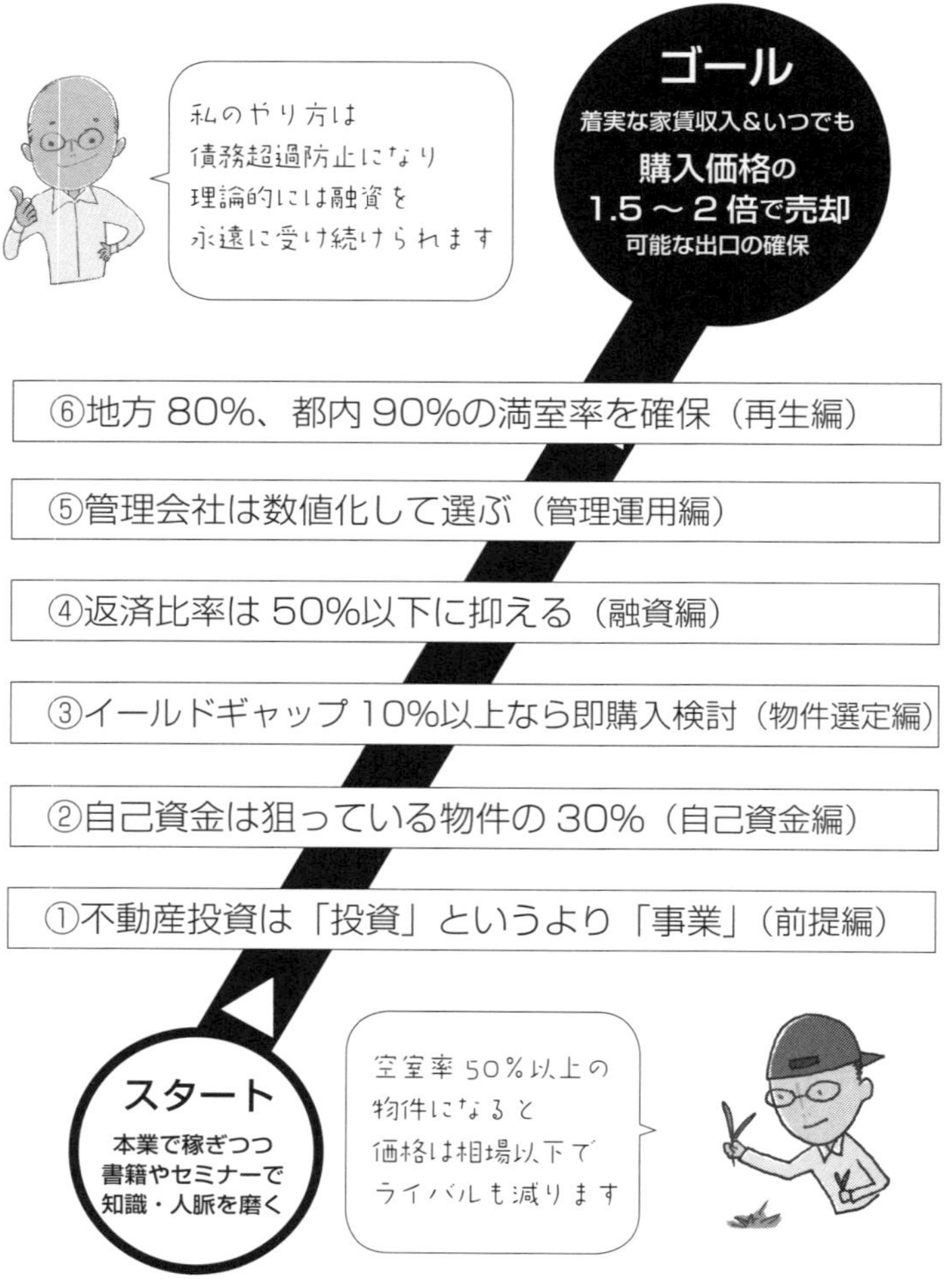

私のやり方は
債務超過防止になり
理論的には融資を
永遠に受け続けられます
ゴール
着実な家賃収入&いつでも
購入価格の
1.5～2倍で売却
可能な出口の確保
⑥地方80%、都内90%の満室率を確保（再生編）
⑤管理会社は数値化して選ぶ（管理運用編）
④返済比率は50%以下に抑える（融資編）
③イールドギャップ10%以上なら即購入検討（物件選定編）
②自己資金は狙っている物件の30%（自己資金編）
①不動産投資は「投資」というより「事業」（前提編）
スタート
本業で稼ぎつつ
書籍やセミナーで
知識・人脈を磨く
空室率50%以上の
物件になると
価格は相場以下で
ライバルも減ります

序章

前提編
「不動産投資」は「事業」です！

00

▼不動産賃貸業を

〈おしい大家〉は、「投資」と考える
〈できる大家〉は、「事業」と考える

「できる大家」は、不動産投資は「投資」と名前にあるものの、「事業」に近いと考えています。

事業である限り、お客様の問題解決により対価を得ることがベースと考えています。住空間の提供という、入居者に快適な生活の場所を提供するサービス業と考えます。家賃と比較して、「この部屋はお得なのか」を入居者目線で考えます。

立地、建物、室内の広さ、室内のグレード、建物・室内の清潔度合い、駅からの距離、駐車場の有無などの観点から、入居者に選ばれる住空間を作ることに心血を注ぎます。入居者が「この家賃でこの部屋に住めるのはお得だね」と言ってもらうため、あらゆることを工夫して、入居者の満足度・笑顔のために考え、動いていきます。

不動産再生事業でいうと、土地・建物を再生して、リフォーム・リノベーションをして、綺麗な清掃状況を保ち、入居者が喜んでくれる居住環境を提供します。

「不動産投資＝不労所得」ではない

「おしい大家」は、不動産賃貸業は、投資であり不労所得を得る手段だと考えています。不動産投資を、簡単にお金を得る手段として位置づけています。入居者が快適に暮らすことは二の次であり、振り込まれてくる家賃のみに興味があります。

お金が入ってくるシステムに興味があるため、賃貸業というより、投資業に重きがあり、投資に対するリターン、毎月の振込み金額に敏感です。入居者の快適な居住環境提供という目線はなく、画一的な室内環境を提供するのみであり、管理会社に言われるまま室内の原状復帰工事を実施して、「家賃をいかに高く貸すか」をいつも考えています。適正家賃という概念もありません。

「できる大家」は、事業に真剣に向きあい、入居者に「快適な住環境」を提供するので、入居待ちが出るくらいの人気物件を持つことができます。

スタンスの違いで、大きく結果が違ってくること、自分で事業をコントロールできる事が、投資にはない「事業」の魅力であり醍醐味です。

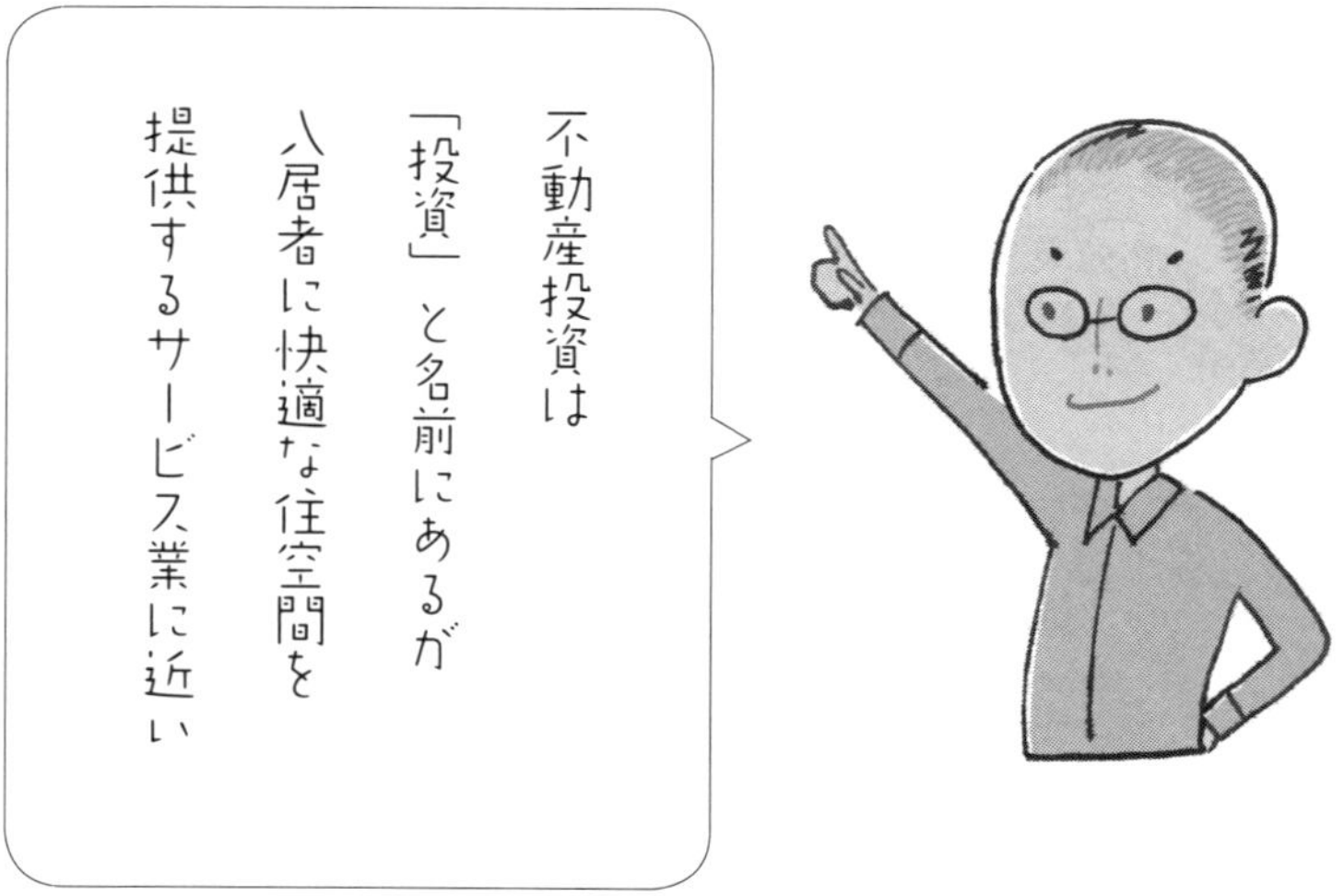
不動産投資は
「投資」と名前にあるが
入居者に快適な住空間を
提供するサービス業に近い

第1章

物件選定編

ガラガラ物件を避けるのではなく狙う

01

▼投資判断を

〈おしい大家〉は、不動産会社のアドバイスに求める
〈できる大家〉は、自分の体験に求める

「できる大家」は、不動産賃貸業、不動産再生事業において、自分の実体験を元に投資判断をしていきます。私の場合、多くの成功大家本を読み、不動産投資マニュアル、教材、ありとあらゆるものを参考にさせてもらいました。その中から、自分に合っているやり方や方法をチョイスしていきます。すべての成功者の言うことをウノミにするのではなく、あくまで情報としてインプットして、自分が実践しやすい部分について、いいとこ取りをします。

私は、不動産再生事業として不動産投資をするスタンスでしたから、まったく同じようなことを考えている大家は少なかったです。しかし、それでも他の不動産投資家の考え方、心構え、ノウハウは参考にさせてもらいました。

特にうまくいかなかった話、しくじってしまった話、会社が転落していく物語、失敗談について研究することで、失敗の理由、原因を突き止めて、自分の活動、実践に役立てました。「できる大家」は、自分自身の不動産投資におけるゴール設定、そのゴールへ向かう戦略、実践・継続していくメンタルの強さ、結果にかかわらずに諦めないで成功へ近づいていく努力、普遍的な事業におけるベースとなる考えが、重要であることを理解しています。

不動産投資は、自分の実体験を元に投資判断をすることが重要です。そのために、情報のインプット量を増やし、実践する場数を増やしていく努力が必要なのです。

愛想をつかされるのも時間の問題

しかし、「おしい大家」は、不動産賃貸業、不動産再生事業において、不動産会社のアドバイスを元に投資判断をします。

積むべき経験をショートカットして、すでに知識も経験も積んでいると思われる不動産会社のアドバイスを利用しようと考えます。

彼らは、不動産会社のアドバイスを、物件販売をするポジショントーク、だと理解できていません。不動産仲介会社は、物件販売をして、仲介利益を得ている訳だから、購入希望者には「悪い情報」を届けるわけがありません。しかし、「おしい大家」はこの基本構造すらわかっていないのです。

「おしい大家」は、物件を買うお膳立てをしてもらいたく、いい物件を持ってきて、金融機関もアレンジされていて、自分は署名・捺印をすれば大家になれる状態を求めています。さらに、「これはいい物件ですよ」と買うために背中を押してくれる人を求めています。

いかに簡単に不労所得を得られるのか、ということが主眼となってしまい、自分で汗をかき、努力をして、自分で判断して、自己責任で物件を購入していくスタンスがありません。

「おしい大家」は、入居者が入らない物件、入居率が悪く、ローン返済が滞りそうな物件を購入した場合、不動産会社、不動産仲介会社を悪者にして、「とんでもない物件を売りつけやがった」ということになります。

いくら叫んでみても、「自己責任ですから」と取りあうことはないでしょう。優しき担当者であれば、入居付けを手伝ってくれ、入居率が回復することもあるでしょう。しかし、その場合にもお手伝いをしてくれる訳ありません。

ある程度の時間が経過すると、また物件の入居率が落ちてきて、担当者へ文句を言う、という負の連鎖が続いていきます。

そしていつしか、その優しい担当者にすら愛想を尽かされることになります。

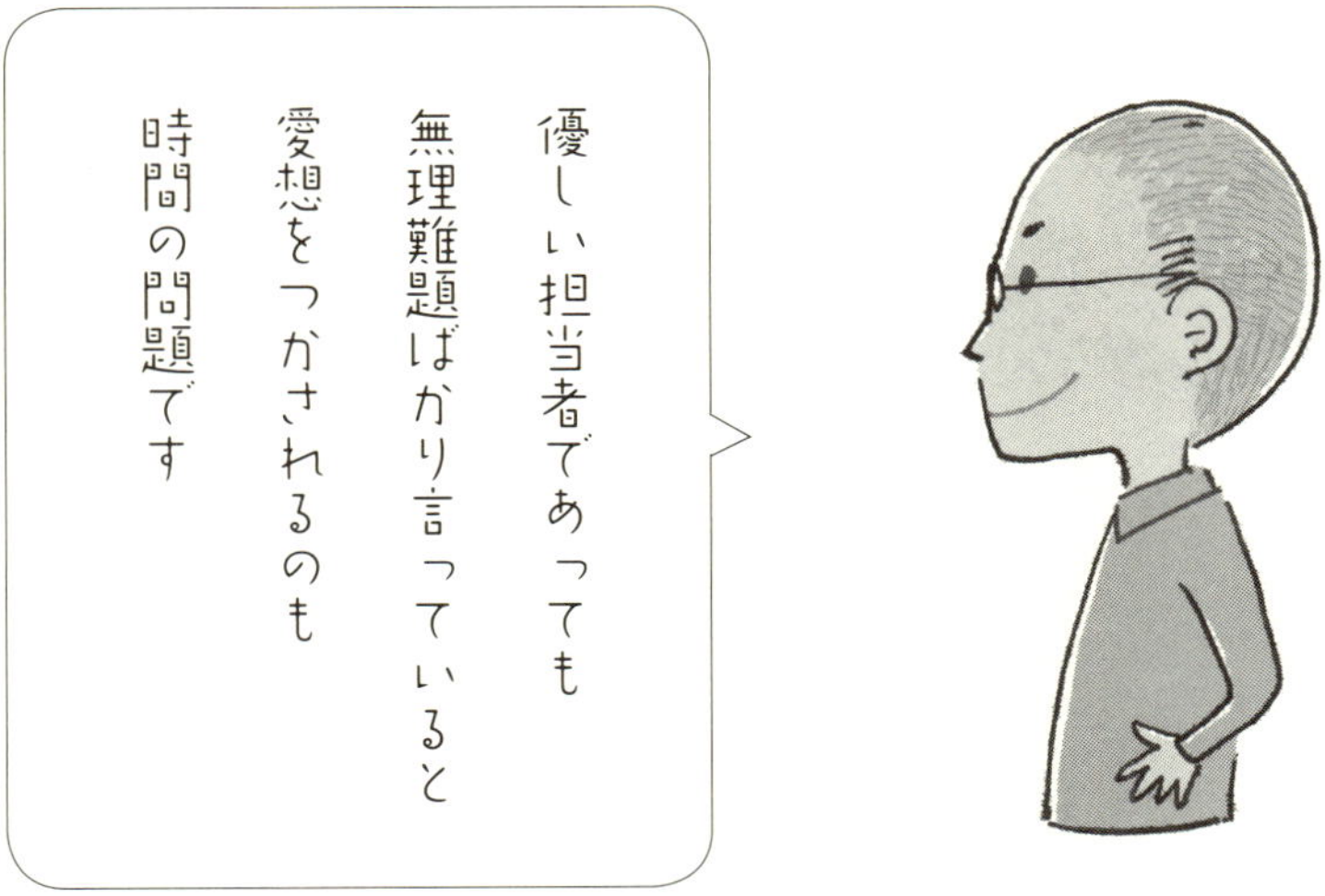
優しい担当者であっても
無理難題ばかり言っていると
愛想をつかされるのも
時間の問題です

02

▼空室情報を
〈おしい大家〉は、リスクと捉える
〈できる大家〉は、チャンスと捉える

「できる大家」は、不動産賃貸業、不動産再生事業において、物件購入検討時、空室情報にワクワクします。物件の運営状態が悪く、清掃も行き届いていなく、汚い状況を見て、嬉しくなります。

購入を検討している物件が、ピカピカで綺麗で、価格も安く、利回りがいい物件というのは、市場に、ほとんど存在していないことをよく理解しています。そのため、購入を検討している物件が、土地や建物としては価値があるのに、運営状態が悪く日の目を見ていないとなると、自分がピカピカな物件に蘇らせるイメージが湧いてくるのです。不人気の物件でも本質的な価値に目を付けたら、積極的に安値で買付を入れていきます。

ボロボロに見えても、立地が良く、建築時にお金をかけたしっかりとした構造であり、

居住性も快適な物件、というのは存在します。

私の場合、立地が良く、RC・SRC造の築年数が浅い割に、運営状態が悪く、清掃も行き届いていない汚い物件、空室率が高い物件、を市場価格より相当割安に仕入れて、再生事業として着手していきます。可能性がある土地・建物でありながら、空室率100%、入居ゼロの物件を、満室、空室率0%、入居100%の物件へ再生していく事業です。手間暇はかかりますが、本来持っている、土地・建物のポテンシャルを引き出すことになります。そこに入居される入居者は割安に、快適な住居に住めることになり、満足度が高く、喜んで住んでくれる流れとなります。

空室率80%にワクワクする

私が購入した3棟目の物件は、購入価格が3億円以上する物件でありながら、空室率が80%を超えていました。立地は良く、建物もRC・SRC造の築年数が浅く、エントランスは大理石造りでありグレードも高く、申し分がない物件でした。高価格帯で、空室率が80%を超えていると、通常は怯んでしまうと思います。私は、確かに大丈夫か、と思う部分はありましたが、それ以上にワクワクしながら現地調査をしました。

近隣のおばちゃんや、お店の従業員、不動産会社の方々、多くの方にヒアリングをして、数日聞き込み調査も実施しました。近隣のおばちゃんには、怪しまれて、探偵ですか、と間違われて、不倫調査ですか、と色々聞かれて困った事もありました。

建物への立ち入り調査では、エントランスがオートロックで、ほとんど入居者がいないため、6~7時間も待っていたこともあります。その日は、真夏日で現地調査後、熱中症になってしまい、物件の前で、嘔吐に襲われ、木に寄り添いながら吐いてしまったこともありました。

現地で、建物の前にある木にしがみついて、お水を飲んで、必死に入居者を待っている姿は、異様だったかもしれません。どんなに気分が悪くなっても、この土地・建物を再生できたら、素晴らしいことになると考えて、必死にオートロックがあく瞬間を待っていました。周囲から見たら本当に怪しい人だったろうな、と思います。

「おしい大家」は、不動産賃貸業、不動産再生事業において、物件購入検討時、空室が多い情報を聞くとソワソワしてしまいます。こんなガラガラな物件、入居者がいない物件を購入して、大丈夫なのか、と心配してしまいます。土地や建物としては価値があるのに、運営状態が悪く、清掃も行き届いていなく、汚いという物件の一面だけを見て、状況判断をしてしまいます。

運営面には目を向けず、目の前の汚れた建物を見て、落胆してしまいます。ポストからチラシがあふれ、建物のエントランスはホコリが舞い、ゴミが至る所に落ちていて、残地物が通路に放置されている、その状況だけで失望してしまいます。「おしい大家」は、事業として、土地・建物を再生するという概念はなく、入居率100％、立地が良く、建物もピカピカ、それでいて安く利回りのいいもの、が欲しいと心から願っています。

不動産会社、不動産仲介会社の営業は、それを聞き絶句して、なるべく近づかないようにしたい、と本心では思われていることにきづいていません。だから、「おしい大家」には、チャンスが廻ってこない状態になってしまいます。

03

▼物件売却のとき

〈おしい大家〉は、物件価格だけに着目する
〈できる大家〉は、売り主の理由にも着目する

「できる大家」は、物件の売却理由に着目します。売主に特別な売却理由がない限り、物件を市場価格より安く仕入れることは難しいことと理解しています。企業が保有していた土地・建物で、倒産してしまったため、割安に売却となっている案件、個人の相続案件であり、相続税の支払いが迫っており、割安でも早く、土地・建物を現金化したい案件、離婚された方々が、一刻も早く、売却したい案件、等が存在します。

離婚された方々は、市場価格という話ではなく、一刻も早く、いくらでもいいから、この物件を売却して、相手との関係を断ち切りたい、と強く願う売主もいらっしゃいます。将来を誓った相手を憎み、恨み、早く相手との関係を絶って精算したいという姿を見ると、複雑な思いがあります。売主の要望が一刻も早く、いくらでもいいから、となると、その要望は買主側としては、非常にいい取引条件となってきます。他人の不幸をビジネスにす

るのか、という批判的に見る部分もあれば、売主側の問題解決に手助けをしてあげることができた、と見る事もできます。一つの側面から、批判中傷することは避けたいところです。そして、「できる大家」は、売主側の問題解決に手助けするビジネスと考えて、行動していきます。

私が購入した物件の中には、企業が保有していた土地・建物で、倒産してしまったため、売却となった任意売却案件もありました。その物件は、企業が保有していた土地・建物で、倒産してしまい、企業自体が存在しなくなってしまい、売主が不在という取引でした。

売主が不在で、どのように取引が成り立つのだろう、と考えると思いますが、裁判所が預かる形となり、管財人が入り、倒産した企業の資産を整理していく案件というのは、存在しています。いつの時代も不運にも倒産してしまう企業というのは一定数存在しており、その資産整理案件というのは存在しています。

空室率50％の再生チャンス？

倒産した企業が保有していた物件というのは、新規で賃貸募集がされていないケースが多く、入居率は、全室空室、空室率50％以上の物件というものも多く存在します。そのようなケースは、土地・建物を再生する事業として物件を購入していくべきです。

不動産投資という側面だけで購入していくことは非常に難しいと思います。私の購入指標としては、空室率50％以上の物件は、金融機関へのローン支払いが、空室が埋まらないと返済ができないケースとなり、極端に競争率が緩和されると感じます。人間心理として、空室が多い恐怖というのは、金融機関へのローン支払いが滞り、破綻する可能性の恐怖でもあり、この恐怖を克服するのは、並大抵の根性ではできないのかもしれません。

だからこそ、空室率が高い物件を事業として再生していくということは、誰にでもできる事ではありません。リスクを追って事業にチャレンジして成功したい強い意志がある人間に、チャンスは訪れるのかもしれません。

「おしい大家」は、不動産賃貸業、不動産再生事業において、物件売却価格に目がいきます。価格や利回りに意識が集中しています。売主の理由に資産整理と言われれば、「そうですか」とそれ以上の理由を深掘り調査をすることもしません。「物件を市場価格より安く仕入れること」より、「利回りや融資が付くのか」「フルローンはでるのか」「オーバーローンが引けないのか」が気になっています。

物件を買うことが目的となってしまい、ある程度の利回りがあり、融資が付いて、フルローンかオーバーローンが引ければ、買う気満々です。金融機関が好む、満室であったりしたら喜んで購入を検討するスタンスです。

物件自体、土地・建物のポテンシャル、市場価格より割安感があるのか、レントロールの家賃が適正であるか、キッチリ見抜く目もないですし、自分で物件評価をして、市場価格より安く買えるかについて評価することもしません。

結果、フルローン、オーバーローンが引けて、「融資が付いたから買う」という流れになってしまいます。この場合、残債以上の価格で売却することが非常に難しくなる場合もあり、出口は塞がれています。絶対に入居者を獲得して、稼働させていかないといけないという状態になります。この状態は、精神的にキツく後悔するパターンとなっています。

04

▼物件の価格交渉のとき

〈おしい大家〉は、売り主の足元を見て指値をする
〈できる大家〉は、売り主の残債を考慮して指値をする

「できる大家」は、不動産賃貸業、不動産再生事業において、物件購入検討時には、売主の残債金額に着目して、冷静に価格交渉を進めます。売主が早期売却しなければいけない理由がある物件を、売主の残債金額以上の金額で、かつ、残債金額に限りなく近い金額での価格交渉を進めます。

その際、あまりギリギリの価格交渉をするのではなく、売主の残債金額以上の金額ということと、ある程度売主に利益を残してあげる提案が必要になります。売却しても利益がゼロだと、売り主が売却する積極的な理由がなくなり、売却する気持ちが薄れてきます。だから、どれくらいの価格だと、売主が納得してもらえる金額であるのか探っていくことが重要です。この価格交渉がキモになってきます。

個人の売主で、ローンの支払いが滞り、3ヶ月後には差し押さえが決定されており、競売にかかる1歩手前のケースを考えてみましょう。この場合、ローンの支払いが滞り、3ヶ月後には差し押さえとなると切羽詰まってきており、売主としては任意売却交渉で、ある程度のお金が残るのであれば、売却も構わないと考えるステージとなります。

債権者である金融機関も、残債以上の金額での売却であれば反対する理由はありません。むしろ、キチッと不動産賃貸経営ができる事業家が購入するのであれば、申し分がないと考えています。

残債以下の金額での売却交渉は「血みどろ」

実際の任意売却物件において交渉が難航するパターンは、残債以下の金額での売却です。債権者全員で、債権をカットする割合、金額の打ち合わせを多々行い、債権者全員の合意を取り付ける必要があります。

私は、このケースも多々経験しておりますが、債権配分の打ち合わせは、難航を極めます。ここを粘り強く交渉して、債権者全員の合意を取り付けて、債権をカットしてでも早めに資産整理をしてもらうことが大切です。金融機関に一部債権放棄をしてもらう形態になるため相当の交渉が必要です。

しかし、交渉が成立すると、市場価格よりも割安に不動産物件を購入することができるため、「できる大家」は、ここが勝負だと理解しています。粘り強く時間がかかっても債権者、金融機関との調整に時間をかけていきます。

私が経験したケースでは、債権者が、金融機関として3行《こう》、さらに「国税」関係者、「都・県税」関係者、「市・町村」関係者、「売主の親類・親族」関係者、延べ20名以上となりました。結果的に3年以上をかけて合意に至った取引となりました。

決済時には、20名を超える債権者が金融機関に集い、決済した瞬間から、債権者が自分の取り分を回収していく場は、「貸したお金はキッチリ回収される」という現実を目の当たりにしました。

債権者としては、1円でも多く回収したいため、債権者同士も血みどろの戦いを強《し》いられる現場であり、ビジネスというのは「戦い」であることが、嫌でも身体に叩き込まれました。

事業家として、お金の重み、事業が不調になってローン返済が滞ってしまうと、こんな事態になってしまうのか、と実感しました。必ず事業で成功しなければいけない、と心に誓う経験にもなっています。

他にも決済時に債権者間での揉め事が起こり、現場での最終調整が入り、9時から17時まで8時間に渡っての決済となった経験もしました。当日、本当に決済ができるのかとヒヤヒヤした場面が続きました。本当に疲労困憊《こんぱい》して、「不動産再生事業はここまで努力が必要なのか」「今後、続けていくことができるのか」とその日は正直感じました。

苦労は買う前にする

「おしい大家」は、売主の状況把握をせずに、購入価格を1円でも安くしたいと考えていて、指値、指値と前のめりに価格交渉します。ある不動産投資家は、常識外の指値を続けていくことにより、複数の不動産会社や不動産仲介会社から出入り禁止状態となってしまいました。いい物件を購入するどころか、物件紹介さえままならない、本末転倒の状態でしょう。

「できる大家」は、簡単に割安な物件を入手できないことを深く理解しています。売主の残債金額に着目して、冷静に価格交渉を進めていき、買う前の努力を惜しみません。購入後には、順調に土地・建物を再生していきます。「買ってから苦労するのか」「買う前に苦労するのか」、苦労するなら買う前と「できる大家」は決めているのです。

そして、購入の目安は、「首都圏の建物」なら、「利回り６％〜12％のＲＣ」検討時、「融資金利１％〜３％」が想定され、「イールドギャップで５％〜７％」を確保できる物件を選定していきます。

「地方の建物」なら、「利回り８％〜20％のＲＣ」検討時、「融資金利１％〜４・５％」が想定され、「イールドギャップで６％〜８％」を確保できる物件を選定していきます。

そして、「首都圏の建物」「地方の建物」ともに、イールドギャップ10％を確保できる物件なら、即購入を検討していきます。

05

▼物件を購入するとき

〈おしい大家〉は、物件の利回りのみを見る
〈できる大家〉は、売り主の手残りを見る

「できる大家」は、物件購入検討時には、その購入する物件の最終的な手残りに注目して物件を購入するのか、しないのかを判断します。所有している間に入ってくる家賃と売却時に入ってくる売却益が、どれくらいになるのかを想定して購入していきます。

私の不動産再生事業では、物件取得時に入居率や運営状態が非常に悪いかわりに、物件価格を割安で購入できます。インカムゲインだけでなく、キャピタルゲインも大きく狙っていける物件を選定しています。私が、実際に1棟目で購入した物件ですが、5000万円前後の地方RC物件でしたが、インカムゲインも着実に入ってきて、売却時にも千万円単位でキャピタルゲインを得ることができた物件でした。

売却時に、不動産市況にそった市場価格で売却をしていますので、その後の運営に困る

価格ではありません。私は、買主にとっても購入メリットはある状態で売却をするよう心がけています。

1棟目からこのような大成功を収めることができたのは、不動産購入時に「最終的な手残りに注目して物件購入」をしたことが大きな成功要因だと思います。

再生投資は次の融資につながる

私の物件選定基準としては、地方・首都圏のハイブリッド不動産再生事業を中心としており、RC・SRC造の中古物件を中心に物件再生をしていきます。築浅のRC・SRCは、次に購入検討する方が金融機関から融資を受けやすいからです。

ただ、RC・SRC造物件が中心ではありますが、鉄骨造物件・木造物件、も手掛けています。中古物件のみならず、都心に新築RC物件を土地から仕込み、建築していく事業も並行して行い、所有物件全体として、バランスを考慮していく方法です。そして重要なのは、私が購入・所有している物件はどの物件であっても「最終的な手残りに注目して物件購入」をしています。

物件の再生後は、大きく利益を取れる確率が高い投資手法をとっています。所有する物件は、10年後、20年後であっても賃貸市場にて、その物件は希少価値があり、入居者に選ばれる物件を選定しています。そのため、所有物件を継続保有して、持ち続けるという選択肢もあります。自分で、事業をコントロールすることができます。

「おしい大家」は、物件購入検討時に、利回りにこだわり物件を選定していきます。「利回り星人」などと揶揄《やゆ》されることもありますが、特に表面的な利回りだけで購入を検討される方は注意が必要です。

地方、築古物件を検討して、利回りだけに着目すると、立地や建物の古さに目をつぶることになります。そうして購入された投資家は、立地が悪く、入居率の悪い物件に苦しむことになります。

修繕費用が重なり、利益がまったく出ないで、手出しが多くなってしまった不動産投資家もいます。どちらも「おしい大家」です。物件所有後に、経費、修繕費を見誤ってしまい、想定通りの収益があがらない事態は非常に多くあります。必要経費をキッチリと想定して、自分の想定通りに購入不動産が収益をあげることができるのか、シビアに検討しましょう。利回りさえ高ければお宝物件であると勘違いするのは止めてください。

「おしい大家」は、家賃・経費・修繕費のやりくりが想定どおりにいかなくなって、はじめて「この物件は買うべきではなかった」と気づきます。この場合、残債以上で売却することもできず、決算書、確定申告書の数字も悪いので金融機関への金利交渉や条件交渉もできず、八方塞がりとなります。果ては、売却した不動産会社、不動産仲介会社へクレームを言うことに注力して、前向きな入居促進案の実施や経費削減の改善策に全力を傾けることもなく、事態は悪化の一途を辿ることになります。

06

▼物件を購入するとき

〈おしい大家〉は、金利４・５％を除外する
〈できる大家〉は、金利４・５％を上手に活用する

「できる大家」は、物件購入検討時には、金利４・５％の金融機関を上手に利用して物件購入します。

始めから「金利が高いから利用は絶対しない」というスタンスではありません。「サラリーマン向けであり、個人融資中心」「金利が高い」と使い勝手が悪いと思う方がほとんどかと思います。

しかし、このような金融機関は、ある程度の空室があってもサラリーマンの属性をメインに審査をしてもらえるため、私はうまくお付き合いしています。地方の利回り高く、空室率が高い物件などを個人名義で購入する際に利用しました。この金融機関の最大の特徴である、「審査期間が短い」ということでも物件を購入する上では有利に働きます。

私は1棟目に、サラリーマン年収の約10倍前後まで貸してくれる金融機関を利用して、2棟目に、サラリーマン年収の約20倍前後まで貸してくれる金融機関を利用していました。金利が4・5％と高いですが、空室率が若干高い物件であっても属性評価で貸してもらえることができるため、そのメリットを最大限利用しています。

金利4・5％は地方の県庁所在地や主要都市を狙う

地方の築浅RC物件で、空室率が高く、運営状態が悪い物件、かつ利回りは、一般的な物件よりも非常に高い物件に狙いを定めて利用しました。金利4・5％の金融機関を利用する場合、地方でも、県庁所在地や主要都市に狙いを定めています。

また、売却時にも、地方の築浅のRC物件で、満室であれば、不動産投資家が利用できる金融機関が数多く存在して、売却が容易になるからです。

私は地方の大都市でターミナル駅からも1駅であり、空室率が高く運営状態が悪いけれど、築10年のRC物件を満室想定利回り13～14％前後で購入して、運営を改善し、常時満室稼働を実現することで、毎月大きな利益を出す物件に再生しました。金融機関の金利4・5%だけに目がいくと、とても利用できないと判断しがちですが、その金利でも大きく利益が出る物件に当てはめていく柔軟な発想でチャンスをゲットしています。

金利4・5%を利用する際、その購入物件の最終的な手残りに注目して物件を購入するのか、しないのかを判断します。インカムゲインであっても、キャピタルゲインであっても最終的に利益が出れば、どちらの金融機関を利用してもいいという発想です。金利が高い金融機関には、訳ありで利回りが高い物件を当てていくイメージです。

実際、私の所有物件の利回りは、8%~20%がメインです。現在は、金利4・5%で借りたものを、満室稼働にして、0%台の金利での借換えにも成功しています。

私の所有物件は、0%台の金利で融資してくれる金融機関も多数ありますが、投資初期段階から非常にいい条件で融資を受けることを前提にはしていませんでした。投資ステージにより、お付き合いできる金融機関も違ってきますし、属性や事業実績に基づいて、金利も決まってきます。私は、金融機関から徐々にいい提示をしてもらうように事業を進めていくことで、財務的にも強固な筋肉質な事業、企業になることを心がけました。

徐々に収益が下がる恐怖

「おしい大家」は、金利4・5％が高いということで、その金融機関でしか購入できない物件を検討から外してしまいます。その金融機関を利用しても、大きく利益が見込める、地方の県庁所在地や主要都市に位置する利回りの高い物件であっても検討しません。そして、「おしい大家」は、利回りの高さに目がくらみ、地方の県庁所在地や主要都市ではなく、相当な田舎であり、入居者を集めて満室稼働できるか分からない物件、属性評価だけで融資がおりるような物件を購入します。

金利4・5％の金融機関は諸刃の剣です。入居者を集めて満室稼働できない物件を購入すること、には注意が必要です。需要がない地域の物件を利回りだけで購入する判断が、大失敗を招きます。

建物が法定耐用年数を超えてしまっており、大規模修繕前の物件を、高い利回りをエサにして、投資家を騙すケースも多発しています。購入後、入居率が低迷していき、修繕費用が大きくかかってしまい、自分の給料から手出しをしないと運営できない物件を購入してしまった投資家の悲劇を多々見てきました。不動産投資家の悩みには、この問題が非常に多く存在しています。

この問題の厳しい点は、だんだんと真綿で首を絞められるような感覚、徐々に収益が下がっていき、長期的に破綻する可能性があるけれど、短期的には個人でなんとか補填し続けることができるレベルである点です。詳細の収益、経費計算をすれば理解できるのですが、入居率を甘く見て、経費率を低めに見積もっており、その先にある危機から目を背けたいのかもしれません。

「おしい大家」は、現在の自分に満足しています。不動産賃貸業、不動産再生事業における取り組みにすでに満足しているため、行動量が減り、諦めが早くなってしまいます。自分の経験値をあげることや、自己の成長に焦点があるのではなく、不労所得、お金に焦点が当たっているケースが多く、不労所得、お金を得るためだけに動きます。本人が真剣に事業に取り組もうという意志がないため、当然、家族も真剣に「おしい大家」の不動産賃貸業、不動産再生事業をサポートしようとはしません。

「おしい大家」は、家族の協力を得られないから、「どうやって説得しようか」と日々考えています。周囲は、「おしい大家」が、自分の行動を変えたら、家族が喜んで協力してくれるだろうに、と冷ややかに見ています。

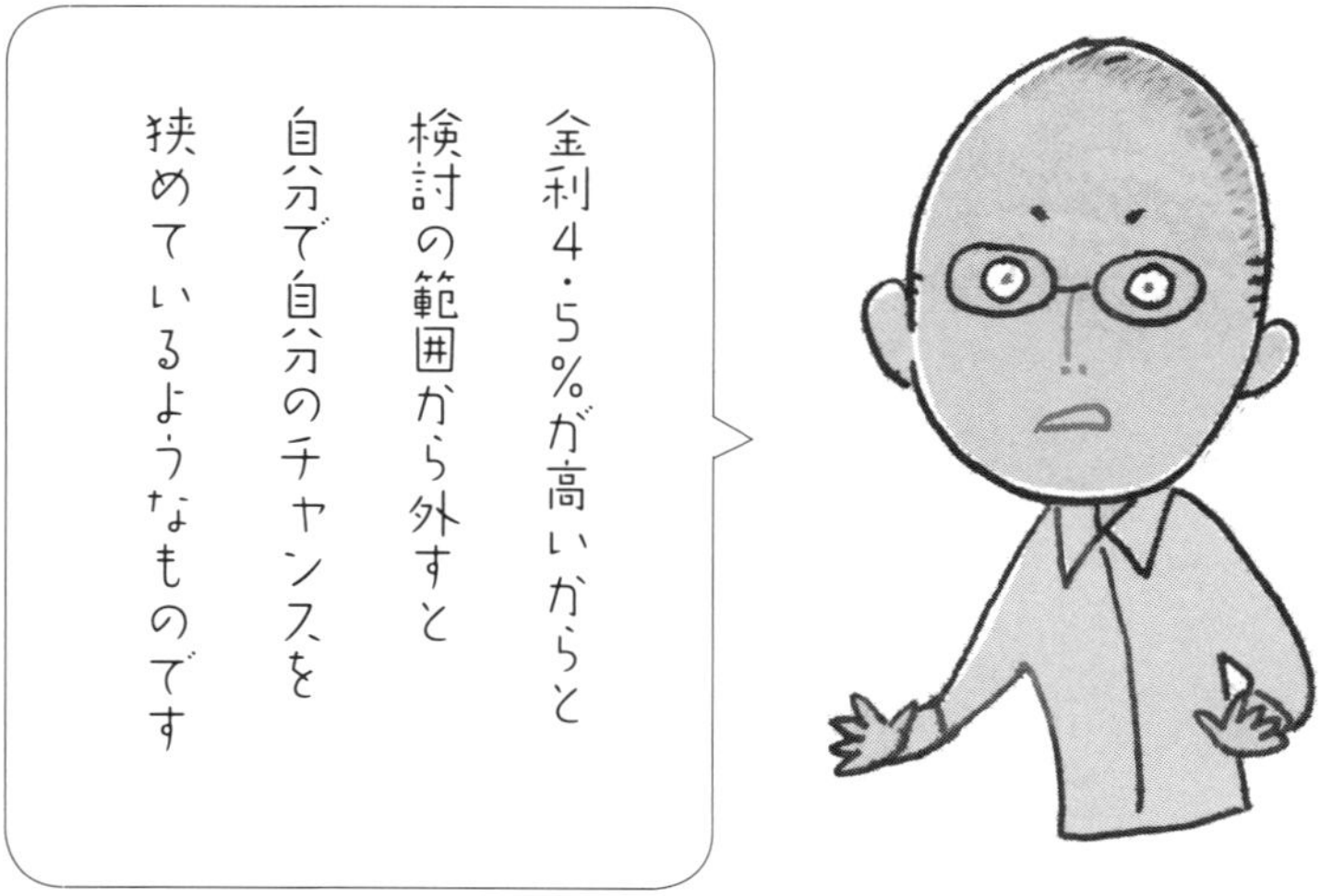
金利4・5%が高いからと
検討の範囲から外すと
自分で自分のチャンスを
狭めているようなものです

07

▼物件を購入するとき

〈おしい大家〉は、満室を夢見る
〈できる大家〉は、出口を見据えている

「できる大家」は、物件購入検討時に、売却時のイメージを持って購入活動を進めます。数年保有して売却する際、購入した金額と同等もしくは、高値売却できるかを考えて物件の購入をします。数年保有して購入した金額よりも高く売ることができれば、損をすることはありません。購入時よりも高値売却できるということは、購入時に割安に物件を購入することが重要だと認識しています。

私の場合、立地を首都圏もしくは、地方でも、県庁所在地や主要都市を中心として物件を購入検討します。場合によっては、主要都市から離れた過疎地の物件も検討しますが、その場合、利回りが驚異的に良い、相場よりも相当割安な金額で購入できる場合に限っています。建物としては、RC・SRC造が中心に、割安であれば鉄骨造、木造の建物を検討していくスタンスです。

不動産再生事業として土地・建物を再生していく事業として取り組むため、必然的に空室率が高い、運営状態が悪い物件を狙います。入居者を増やし満室経営ができるか否かは、不透明なためリスクが高いです。そのリスクを取って、市場価格より相当割安に物件を仕入れることにより、売却時も購入時よりも高値で売却が可能になるイメージを持って物件の購入検討をします。「インカムゲインで稼ぎ、確実にキャピタルゲインを出せる不動産投資手法は、どこかでリスクを追わないと難しい」と「できる大家」は、理解しています。

利回り8〜15%を再生

具体的に、首都圏・地方の築浅RC・SRC物件で、ガラガラの空室率が高い物件を利回りで8%〜15%の物件を購入して、売却時に5%〜10%で売却できれば、確実にキャピタルゲインが得られ、購入金額より売却金額が上回ることが可能となります。私のやり方は「数年前の割安時期に仕入れているからできることだ」と言われることもあります。しかし、現在の市況であっても倒産企業が所有していた物件、相続案件、個人の破産物件、任意売却物件空室率が極端に高い物件、全空物件等であれば、購入時より高い値段で売却することは可能だと思います。

当然、金融機関には、空室率が極端に高い物件を運営で再生できる事業実績を積んで、「この人なら、この企業なら不動産再生、物件再生ができる」と信用させていく必要があります。

「おしい大家」は、物件購入検討時に満室経営できることを夢見ています。物件購入する際は、満室経営できること、入居が続くことを夢見ています。売却する時のイメージは、売却時に景気がいいことを祈って、購入金額より売却金額は高く売れることを漠然と思い浮かべています。物件購入時に割安に購入するための努力をする訳ではなく、「融資がついたから購入した」「不動産会社、不動産仲介会社がいい物件だと奨めてくれたから購入した」という理由で物件を購入します。

高額すぎるからなのか、現実的な生活に密着していないからなのか、なぜそんな理由で購入するのか私にはわかりません。自分に都合のよい経営状態を妄想して、安易に物件を購入することは絶対に止めるべきでしょう。

08

▼物件購入の検討時

〈おしい大家〉は、完璧な物件を求める
〈できる大家〉は、妥協すべき点を見極める

「できる大家」は、所有物件全体を俯瞰して見ています。物件購入検討時に、現在の所有物件のポートフォーリオ、所有物件の強み、弱みを把握しています。

私の場合、1棟目、2棟目では、キャッシュフローを重視していました。資産性がある物件は、不動産再生事業家として力がついてきたタイミングで所有していくスタンスでした。そのため、1棟目、2棟目は地方の築浅RC物件を高利回りで購入して、高稼働率でキャッシュフローを獲得していきました。

そのキャッシュフローを蓄積して、3棟目に関東圏の空室率が高い大型築浅RC再生物件を任意売却物件として、大幅に安い価格で購入しました。3棟目で、資産性も高い物件にチャレンジしたのです。

その後、４棟目、５棟目と、関東圏の空室率が高い大型築浅再生ＲＣ物件を任意売却物件として大幅に安い価格で購入を続けていきました。

ある程度、収益性、資産性のバランスが所有物件にて確保できたタイミングで、減価償却を大きく取れる、地方の収益性が高い木造アパート、鉄骨アパートも所有物件に加えています。キャッシュフローを厚く確保するための戦略と、もし売却を考えた場合にも出口を取りやすく、キャピタルゲインを得やすい物件と、バランスを保ちながら、自分で購入する物件について戦略を策定していきました。

「おしい大家」は、物件の購入検討時、購入したい物件の詳細ばかりに目がいきます。その物件の収益性、資産性、その物件単体のみで考えてしまいます。利回りが希望に達していなければ、購入検討を諦めてしまい、立地が少し希望から外れているだけで、購入検討を断念します。一つひとつの物件で完璧を求めてしまい、物件の購入へ進みたい状況でありながら、検討物件のダメだしばかりに意識を取られてしまいます。自分の購入検討条件を緩和して、購入する道筋を立てることができません。

目線厳しく物件選定することは大事だと思いますが、自分の実力、資金力、自分がかけることができる時間と労力、他の投資家との力の差、等を客観的に判断して、自分が妥協すべき点を見誤ってしまいます。

「できる大家」は、結果的に、収益性が高い物件、資産性が高い物件のバランスが取れています。単体の所有物件ごとに黒字にできて、確実に収益を上げ続けることができます。物件売却時には、爆発的なキャピタルゲインを入手する物件も保有しています。収益を上げ続けるシステムができ上がっています。インカムゲインは、減価償却を駆使しながら、収益の最大化を図っています。これなら、安定した不動産再生事業、不動産賃貸事業を続けていくことができます。

09

▼物件の購入時

〈おしい大家〉は、現在のレントロールを重視する
〈できる大家〉は、未来の賃貸需要を予想する

「できる大家」は、物件の購入検討時、未来の賃貸需要を予想することができます。物件の購入検討時に存在する資料は、物件概要、現在のレントロールになります。現在、運営状態が悪くガラガラの物件であっても、自分が所有して、近い未来に運営状態を改善した場合のレントロールはまったく違うものになってきます。安易に満室想定での利回りを計算するのではなく、自分がリノベーション・リフォームを綺麗に実施して、管理会社とタッグを組んで、客付け会社と連携することにより、運営改善後の未来の姿を予想することができます。

半径500mの競合物件を徹底調査

私は、半径500mくらいの立地の競合物件を徹底的に調査します。同様のアパート、

マンションが何件あるか、ゼンリンの近隣地図を大判印刷して、すべての競合物件について、建物の仕様、入居率を徹底的に調査します。その調査をするために、数日を費やし、その後の未来予想をたてていきます。特に空き地、駐車場スペースが、多くあるエリアは競合物件が新築で建築される可能性を推測して、できれば、競合物件が今後建築されにくい立地、かつ、現在も競合物件が少ないエリアであれば、今後の未来の賃貸需要も安定的だと判断ができます。安定的に需要を取り込んでいけるエリア、多少駅からは離れたとしても、その部分を重視しています。

「おしい大家」は、物件の購入検討時、現在のレントロールを重視します。現在の入居率を見て、利回りを計算して、満室前提で数字を見ていきます。周囲の競合状況調査は、ほとんど実施しません。入居率が高い物件を購入していきたいという意識になっているのです。

しかし現在の入居率が高く、運営状態がいいということは、これ以上現状より収益があがってくる可能性が低く、利回りも下がっていくしかないということにきづいていません。

現在、検討物件が満室ということは、立地や建物のグレードが高く、適正家賃で満室であるのか、それとも「できる大家」が手塩に掛けているから満室なのか、判断する必要もありますが、そこにも目がいくことはありません。

特に後者の場合、自分がそれ以上の運営をできない場合、利回りは急激に低下していく可能性があります。自分のことを棚にあげて考えてしまうのは、悲しいかな「おしい大家」の宿命なのかもしれません。

物件がいいから満室なのか
大家がいいから満室なのか
そこの線引きをしないと
購入のリスクは高まります

10

▼1棟目を購入するとき

〈おしい大家〉は、テストだと考える
〈できる大家〉は、今後のすべてが決まると考える

「できる大家」は、1棟目の購入を重要視します。1棟目の購入が事業スタートの入り口であり、スタートダッシュをキッチリできれば、その後順調に滑り出せることを理解しています。小さな失敗であれば、リカバリができますが、1棟目の物件選定を間違ってしまうと、大きな失敗、痛手となり、最悪再起不能となってしまう可能性もあります。

1棟目の建物

私は、1棟目の購入では、積算評価が高く、できるだけ築浅で、賃貸需要が見込める1棟物収益物件を探していました。利回りも市場平均より、大幅に上回るものがいいと考えていました。そこで考えたのは、満室の反対、ガラガラの「入居率が悪い物件がいい」という条件で物件を探していました。

多くの不動産投資家が望む、立地が良く、利回りが高く、入居率がいい物件、というスタンスではなく、「入居率がいい」を犠牲にしました。立地に関しても、「地方」「駅から遠くてもいい」という条件で、リスクを取って、安く物件を買うことを戦略の中心に位置づけました。立地は、全国エリアで検討をして、地方も積極的に検討して、駅から徒歩30分圏内位としました。私は、１棟目の購入を重要視して、綿密な計画立案、実行をしていくことができました。

結果的には、１棟目の物件購入後、ガラガラの空室状態を短期間で満室にすることができて、常時満室経営をできました。安定的なインカムゲインを得て、売却時には、市場価格での売却をすることで、大きくキャピタルゲインも得ることができました。

「おしい大家」は、１棟目はテストだと軽く考えて、不動産業者の言われるままに物件を検討して、購入してしまいます。いざ不動産賃貸事業をスタート、運営していくと、「ほとんど利益が出ない」「入居率が落ちてきて赤字となってしまった」となり、「何かおかしい」「儲からない」「今後は大丈夫なのか」と続き、果ては販売した不動産業者にクレームを入れる、と言った流れを辿ります。

「できる大家」は、1棟目の購入を重要視することにより、事業をロケットスタートさせて、スタート時点から、毎月大きくインカムゲインを得る体制を構築します。

物件という超高い買い物をするというのに
「一件目だからテスト的に」
という人は本当に危険です

11

▼インカムとキャピタルについて
〈おしい大家〉は、どちらかしか考えない
〈できる大家〉は、両方考える

「できる大家」は、不動産投資は、インカムゲインとキャピタルゲインのトータルで考えます。物件購入後、インカムゲインでキッチリ利益を出して、出口での売却時にもキャピタルゲインを稼げることを理想として、物件を選定していきます。とはいえ、そんなインカムゲインとキャピタルゲイン両方で稼げる物件ばかりではありません。

私の場合は、不動産再生事業として空室率が高い物件、全空物件を積極的に購入していくことにより、市場価格よりも安価に物件を取得していきます。

築古物件はインカム主体

築古木造アパート物件や築古鉄骨アパート物件は、法定耐用年数が残り少ない場合もあ

ります。このような物件は、大きくキャピタルゲインを稼ぎづらいのです。数年満室経営して売却しようとしても、法定耐用年数が残り少ないため、融資年数が短くなる可能性が高いのです。

もちろん、法定耐用年数を超えて長期融資を組んでもらえる金融機関もありますが、多くの金融機関では、法定耐用年数内での融資年数となってしまいます。そのため、築古物件というのは、非常に大きいキャピタルゲインを狙っていくことは難しいと考えます。購入時に市場価格より非常に安価に仕入れることができていれば、当然、このような築古物件であったとしても大きくキャピタルゲインを狙っていくこともできます。

しかし、通常の価格で入手している場合は、「インカムゲインを主体とした投資」として考えるのが無難です。減価償却が短期で大きく取れるため、決算書上は利益をコントロールしやすくなります。

再生投資のキャピタルは購入時の1・5～2倍

私は、インカムゲインとキャピタルゲイン、トータルとして、最大化できる物件として、築浅RC・SRC物件を空室率の高い状態で市場価格より安価に購入します。そして、中期で保有をして、法定耐用年数をたっぷりと残した段階で、満室経営が安定したタイミングで売却、利益確定をしていきます。

この方法は、インカムゲインでもキッチリと稼いで、出口の売却時にキャピタルゲインを最大化できるメリットがあります。物件によりますが、購入時金額の1・5倍〜2倍の金額をキャピタルゲインとして獲得する可能性があります。私は、物件の購入検討時に、所有物件全体のバランスを見て、インカムゲインとキャピタルゲインをトータルで考えて不動産投資を進めています。

「おしい大家」は、物件の購入検討時に、利回りだけで考えることがあります。いわゆる、「高利回り物件」であれば、すべての問題を解決できると考えています。これは不動産投資をインカムゲインかキャピタルゲイン、どちらかでしか考えていないということです。

高利回り物件だけを狙っている場合、インカムゲインのみに頼った物件選定をします。法定耐用年数を超えた高利回り物件を選択して、融資を付けていくケースです。

この場合、物件の耐用年数を超えて融資を付けていくため、インカムゲインは最大化できますが、金融機関の評価としては、「債務超過」状態にあることを理解できていません。所有物件全体の中で、一部、そういった物件を所有する方針であればいいのですが、「とにかく高利回り物件で融資がつけば問題ない」と考えている「おしい大家」が蔓延しています。「高利回り」という目先のお金に目がくらんでしまうのは、仕方ないことなのかもしれません。

やはり、「できる大家」は、不動産投資はインカムゲインとキャピタルゲインのトータルで考えて、インカムを重視しつつも、金融機関の評価が、常に「資産超過」であるよう努力をして、物件選定をしていきます。そうすれば順調にいい業績を積み重ねる会社となり、継続的な事業拡大も可能となります。

12

▼不動産買い付けのとき
〈おしい大家〉は、主観的な指値をする
〈できる大家〉は、客観的な指値をする

「できる大家」は、不動産買付時に、売主の状況に応じて指値と理由を考えていきます。

不動産買付時は、指値を入れる際、その理由を買付証明書提出と共に書き添える場合がありますが、「おしい大家」は物件をこきおろします。

「リフォーム費用が○○万円かかりそうです」「自分で、本物件の価格を算出すると△△万円となりました」「入居率が××％と悪いです」「物件の管理状態が悪いです」、このように物件のせいにして、指値をしてしまいます。この理由を見た、売主さんは気分が悪く、買付証明書を捨ててしまうかもしれません。自分本位で指値の理由をあつらえるため、売主さんの気分を害してしまいます。

「できる大家」は、買付証明書提出と共に書き添える場合、「金融機関の評価額が□□万

円となっています」、「できましたら、金融機関評価額に近い金額で譲って頂けないでしょうか」、と書き添えます。第三者の目線での理由を書いて、売主の気分を害さないように配慮します。

売主が「あなたに売却する」、と言ってもらえないと購入できないことを「できる大家」は、理解しています。

第三者の目線を盛り込む
これが
物件売買を円滑に進める
交渉の秘訣です

column ①

物件再生中に言われた入居者からの無理難題

不動産再生事業は時間との戦いです。金融機関への返済が「待ったなし」だからです。そのため早期に運営を軌道にのせたいところですが、物件再生中に入居者からの無理難題に遭遇することがあります。私が遭遇した無理難題ベスト1は、こんなものでした。

居座る中小企業の社長

「家賃は払わないけど、この部屋に住まわせて欲しい」

これは入居者Aに家賃を滞納したあげく言われたセリフです。「家賃は払えないけど、出て行くから許してくれ」ならわかりますが、このあまりにも厚かましい要求に、私は怒るのを通り越して呆れてしまいました。

Aは、会社を経営されている中小企業経営者の方でした。会社の業績不振により、家賃の滞納が発生したとのことです。家賃保障会社経由で、家賃支払いを促しても「支払うお金がない」の一点張りでした。退去もするつもりがないという話でした。

さらに、驚きの事態に発展しますが、Aが居座りを決め込んで数ヶ月後、管理会社に警察からAに関する職務質問の連絡が入りました。Aが所有する会社が、ある出来事により、XX県、XX市へ多大な損失を与えた可能性があるという話でした。市への想定損失額は、億単位ということでした。

私は、「まずい状況になった」と思いました。本物件に、Aをマークするため、頻繁に警察官がうろうろすると、「不審な入居者が入っている」と悪評が出てしまう可能性があります。その後、警察官によるマンション立ち入りについては、管理会社へ連絡の上、許可をとってからとお願いしてことなきをえました。

この事態打開に向けて、示談によりAに出ていってもらうことができないか、多くの手を尽くしましたが、結果的には強制執行を粛々《しゅくしゅく》と進めていくしかない事態となりました。

滞納発生から強制執行まで、約1年の戦いとなりました。部屋の引渡し、強制執行については、Aに事前連絡されています。私は、当日は荷物をまとめて夜逃げ、もしくは退去しているだろうと考えていました。

強制執行当日にシャワー

しかし、私は彼の厚かましさを見くびっていました。なんと強制執行当日、Aは普通にシャワーを浴びて出てきたとのことです。罪悪感もなく、家賃も払わないで、普通に暮らしている状況に、唖然としました。「人は、境遇が厳しくなると人格や性格まで変わってしまうこともある」そう思い知らされました。

不良入居者、滞納者の問題は、大家としては頭の痛い共通の問題です。再生事業には、このような事態、どんな状況でも忍耐強く事業を推進していく胆力が求められます。

結論①

1 「首都圏の建物」なら、「利回り6%～12%のRC」検討時、「融資金利1%～3%」を想定、「イールドギャップで5%～7%」を確保できる物件を選定する。

2 「地方の建物」なら、「利回り8%～20%のRC」検討時、「融資金利1%～4・5%」を想定、「イールドギャップで6%～8%」を確保できる物件を選定する。

3 「首都圏の建物」「地方の建物」ともに、イールドギャップ10%を確保できる物件であれば即購入を検討すること。

4 1～2棟目はCF重視で購入。3棟目で資産性の高い建物にチャレンジする。半径500m内は徹底的に調査する。

第2章

融資編

全空物件でも融資を得るコツ

13

▼金融機関に行くとき

〈おしい大家〉は、飛び込み訪問をする
〈できる大家〉は、紹介で訪問する

「できる大家」は、物件購入検討時、金融機関には紹介で訪問します。事業として、物件の購入を検討しているスタンスでアプローチもします。金融機関は、一見さんには厳しいことも理解しており、金融機関には紹介で訪問することを第一に考えます。

突然訪問してきた人に、「不動産とはいえ億単位のお金を貸して大丈夫なのか」とどんな金融機関担当者も思うでしょう。しかし、紹介をしてくれる方が優秀であったりした場合、訪問者が初心者だったとしても丁重な対応をしてくれます。「紹介者の信頼により、融資を検討してもらえる」本当に人の縁というのは、威力を発揮することになります。飛び込みをする場合、自宅に近い金融機関の支店、勤務先に近い金融機関の支店、購入を検討している物件近くの金融機関の支店、等の訪問理由に正当性を感じるところからアプローチしていきます。相手の目線で考えて、相手に求められている行動、必要な行動を取っ

ていきます。

「おしい大家」は、金融機関には、突撃飛び込み訪問をして、引っかかった金融機関に融資をしてもらえればいいと考えています。真剣に、「数撃てば当たる」と考えています。金融機関の目線ではなく、自分の目線で物事を考えていますので、金融機関担当者が不動産に融資を決定するまでの融資プロセス、稟議《りんぎ》内容をまったく理解できていません。

融資は、「貸した人が、融資金額を本当に返してくれるか」が大きなポイントであり、信用できる人物かどうかが、キッチリとみられています。相手の状況に即して対応できない人が、本当に約束通り返済できるのか、疑問に感じるのは当たり前です。さらに、「不動産投資で資産形成したい」などと、個人的な願望を伝えることに終始することもあります。不動産融資というのは、事業のサポートはしますが、個人の資産形成願望はサポートしません。

ビジネスはひとりよがりになっていないことが、とても大切です。「できる大家」は、「相手の目線で作戦をたてて、実行していく」というビジネスの基本ができているため、成功を引き寄せるのかもしれません。

14

▼融資に強い金融機関の情報を得るとき

〈おしい大家〉は、不動産会社から仕入れる
〈できる大家〉は、成功大家から仕入れる

「できる大家」は、成功大家から、融資に強い金融機関・支店をヒアリングすることで、最短コースを歩みます。当然ですが、成功大家は誰にでも重要な融資情報を簡単に公開するわけではありません。一方的に情報が欲しい「クレクレ星人」ですと、成功大家は、そんな人と付き合いたくないし、話もしたくないと思うでしょう。

「できる大家」は、成功大家が話をしたくなるように努力もします。その人のセミナーに参加、15分から30分前、早めに会場に到着、会場スタッフ皆さんや講師の方と軽く挨拶できるようにして、お手伝いが必要なことがないか、聞いたりします。一番前の席に陣取り、盛り上がるような質問をして、会場の雰囲気づくりにも一役買います。懇親会にも参加して、講師や成功大家と話をできるポジション作りもするのです。そういうことを続けて、徐々に仲良くなり、成功の秘訣を聞ける努力をします。

「投資初期段階に、どれくらいの時間を不動産関連に使っていたか」「どれくらい問い合わせをしたか」「毎週、どれくらいの不動産仲介会社担当者と会ったか」「初期投資資金をどれくらいの期間で、どれくらいの金額を用意したのか」「そのためにどのような努力をしたのか」を把握して、実際に自分が行動していく模範とします。

私の感想ですが、成功大家は「そこまでやるか」という領域まで突っ込んで行動しているケースが多かったです。人が真似できない努力、行動をされているケースが多く、自分はどのようにすればいいか、参考にしました。

「おしい大家」は、不動産会社から、融資に強い金融機関・支店をヒアリングして、購入検討物件に融資をつけていくことが最短コースだと勘違いしています。不動産会社から、審査が早いだけの金融機関や、条件が悪くても融資がおりやすい金融機関を提案されて、利用を促されるケースが多いのです。

「できる大家」は、自分の時間や労力を使って、相手の役にたち、いい情報を得る必要があることを理解しています。現金が用意できない人は、融資が重要なファクターであり、融資に強い金融機関・支店の情報を得ることは、何にも代えがたい情報と位置付けています。

成功大家に成功への道筋をならい、実行していくことに、「できる大家」は全力を傾けるから、成功するのだと思います。

自分の話を熱心に聞く人は
そりゃやっぱりかわいいです
成功大家さんに上手に甘えて
いい担当を聞き出しましょう

15

「いい物件」の基準を〈おしい大家〉は、金融機関の融資に求める〈できる大家〉は、自分の購入基準に求める

「できる大家」は、物件の購入検討時、「自分の物件購入基準に合致すればいい物件」という判断基準ができています。自分の物件購入基準に合致したうえで、金融機関から融資してもらえる物件を選定していく流れを作っていきます。

私は、「キャッシュフローがプラスであり、毎月インカムゲインが確実に積み上がる物件」「積算評価額が、売価を上回る物件、返済比率50％以下（できれば返済比率40％以下）の物件」「地方の建物で利回り8％～20％のＲＣ物件」「首都圏の建物で利回り6％～12％のＲＣ物件」「全空き物件や空室率50％以上の物件」というような指標を満たして、融資が組み立てられるようであれば、購入に向けて即買付を入れていきます。

その際、金融機関からの条件で頭金を要求される場合、積極的に頭金を投入して購入し

ていくスタンスです。その購入検討物件が、自分が再生していく意義がある物件であれば、積極的に自己資金も投入していくスタンスです。

どうしても頭金が用意できそうもないという場合、リフォーム費用込みで金融機関へ融資を打診して、承認を得ていく方法もアリでしょう

融資を不動産会社に頼らない

「おしい大家」は、不動産仲介会社から紹介された金融機関で融資を獲得できればいいと考えています。物件と融資をセットにして持ってきてもらい、契約書類に署名・捺印をすればいいと考えています。金融機関が融資をすれば「いい物件」、だと勘違いしているのです。

金融機関としては、「サラリーマンだから給料から補填してもらえれば、返済は滞ることはないだろう」「最悪、物件を処分すれば融資を回収できるだろう」「自宅を担保に取れば、取りっぱぐれはないだろう」と考えていることを理解できていません。融資実行する金融機関の手の内を理解できていないのです。

「できる大家」は、融資をしてもらう金融機関の手の内を理解して、向こうから「ぜひ融資をしたい」と言わせるような物件を選定して、購入検討していきます。きちんと金融機関や投資家にヒアリングをして融資基準について調査、融資の段取りを付けて、自分の物件購入基準に合致するか、シビアに物件を見ていきます。

自分が主体となり、たとえ、金融機関が満額融資可能という条件だったとしても、自分として「いい物件」であるかを重視します。常に冷静に見極めていくため、大きな失敗をすることはありません。購入した物件は、ことごとく成功を積み上げていくでしょう。

融資の基準ですが、「首都圏の建物」「地方の建物」ともに「法定耐用年数内の返済年数」でかつ、「返済比率50％以下」で受けるようにしましょう。返済比率50％以下の建物で、満室稼働ができれば、不動産再生事業の成功に近づいていきます。

16

▼サラリーマンに不動産融資がでる現状を
〈おしい大家〉は、当たり前と捉えている
〈できる大家〉は、「歪《いびつ》」と捉えている

「できる大家」は、サラリーマンへの不動産融資は、特殊だと理解しています。

日本国内の金融機関で、サラリーマンにフルローン、オーバーローンの可能性がある融資という状況は、世界的に珍しいことを理解しています。利回りも高く、割安な価格帯で不動産を購入できて、個人名義、会社名義で登記ができることが、いかに特殊な状況であるか理解しています。

日本ですと「4・5%の金利だと高くて使い物にならない」と言う方もいますが、世界的には低い金利と見えなくもない状況です。世界は広く、金利も下を見ればキリがなく、上を見てもキリがない、といったところではないでしょうか。

金融機関の評価と「いい物件」は別物

「おしい大家」は、不動産会社に、「アパートローン」でフルローン、オーバーローンが出る物件を、持ってきてもらえれば、レバレッジが効いて、大金持ちになれると勘違いしています。

もちろんキャッシュフローが出て、インカムゲインを稼げて、キャピタルゲインも見込める物件であれば、「いい物件」というのは間違いありません。しかし、落とし穴として、「金融機関が評価する不動産の担保評価額は別物である」ということを理解する必要があります。

金融機関が評価する不動産の担保評価額より、融資額が大きくなる場合、債務超過物件となります。その場合、「ゴミ」に「お金」を払って買っている、という見方も理解しないと痛い目を見ることになります。

これは、あくまで金融機関から見た目線ですので、毎月、安定してキャッシュフローが出てさえいれば「いい物件」という見方もあります。その場合は、もちろん、違う目線になることは付け加えておきます。

「できる大家」は、「金融機関が事業として評価しなくても、サラリーマンというだけで融資することもある」という「歪み」を理解しています。そして。これが「歪み」と知っているからこそ、うまく活用できるのです。

今の不動産融資は
かなり歪んでいるものの
頭のいい人はわかったうえで
上手に活用します

17

▼自己資本比率について

〈おしい大家〉は、数%以下になっても融資を受ける
〈できる大家〉は、細心の注意を払って融資を受ける

「できる大家」は、不動産投資は融資が「キモ」と理解しています。自分が購入したい物件すべてを現金で購入できる資金力がない限り、金融機関から融資を受けて物件を購入せざるをえません。もし、現金で購入できる物件があったとしても、現金を使い果たしてしまっては、金融機関から融資を受けづらくなってしまうことも理解しています。そのため、金融機関の融資動向、融資方針について注視しています。

私は、購入する際、物件に融資をしてもらうだけでなく、金融機関の融資でレバレッジをかけていく必要性を感じています。「もたざる者」が「もっている者」に肩を並べていくには、融資とレバレッジがセットで揃っていかないと、簡単には逆転できない世の中ということを痛感しています。

金融機関に融資をお願いした際、担保があるか、担保がないのか、で対応はまったく違います。私は、飛び込みによる金融機関の開拓も行って来ました。効率は悪いですが、紹介を受ける限界があるため、仕方がありません。

その時、50以上の金融機関、支店で門前払いに近い対応をされてきました。私も最初の頃は、自己否定、自分の会社を完全否定されたような気分になってしまい、暗くなっていた時期もありました。多くの投資家の方も同様の経験は大なり小なりあると思います。

「おしい大家」は、不動産投資は物件が「キモ」だと思っています。いい物件であれば、金融機関も融資をしてもらえるし、儲かるし、「いい物件が買えたら成功」と考えています。そのため血眼になり不動産業者を探し、「自分に最優先で優良物件を紹介してもらえないか」と懇願します。融資については、業者がキッチリ付けてきてくれると思っていて、自分から金融機関を開拓するような努力はあまりしません。

金融機関に相談に行っても門前払いをされたり、軽くあしらわれたりすると、「相談に来ているのに何て失礼な対応だ」「何で助けてくれないのだ」と自分が被害者になったような心持ちになっています。

そして、フルローン、オーバーローンが自己資本比率を悪化させることにきづいていません。企業経営で自己資本比率が数パーセントとなると、よほどの大企業であるか、大手の不動産会社等でないと、融資がつきにくいことにきづいていません。

「できる大家」は、サラリーマンへの不動産融資は、特殊だと理解しています。一部の融資の金融機関の「歪み」を見つけ、そこを自分に有利に使わせてもらうしたたかさがあります。自己資本比率に注意を払い、着実に成長していくことが必要だということも理解しています。自己資本がない中で、急激な成長を遂げることは、不可能ではないですが、「特殊な投資手法を実行している」という認識がないと、後で「こんなはずではなかった」となりますので注意が必要です。

「できる大家」になるために、不動産投資は融資が「キモ」と理解して、作戦を練って、確実に実行していきましょう。そして、断られても、断られても、耐える強さ、チャレンジし続ける忍耐力を磨いていきましょう。

18

〈おしい大家〉は、弱い個人・法人を何個も作る
〈できる大家〉は、えり抜きの個人・法人を鍛え上げる

「できる大家」は、不動産賃貸業、不動産再生事業で、個人及び、法人を強く鍛え上げて、金融機関から融資を獲得していきます。自分の属性と自己資金力、物件購入後の運営力、経営力を分析して、チャレンジできる物件、購入検討できる物件を考えていきます。強い個人、法人を鍛え上げて、金融機関から魅力的な融資先であることを理解してもらえるように事業を進めます。

【フェーズ①】

私の場合では、個人でアパートローンを活用しながら、厚くキャッシュフローを獲得して、利回りもよく、キャピタルゲインも望める、法定耐用年数内で融資年数を組める物件を購入して来ました。その代わり、空室率が高く、運営が改善されない場合、経営者とし

て資質を問われてしまう物件を選定しています。駅からも遠く、一流立地を選んでいるわけではありません。私は、不動産投資家として初心者の段階から、リスクを承知で空室率が高い物件を購入して、不動産運営で空室率を改善して、高稼働率を維持し、強い経営者、強い個人を作り上げるという戦略で望みました。結果的には、空室率が高い物件の不動産運営を改善して、高稼働率を維持し、強い経営者、強い個人として金融機関から認識してもらうことができました。

【フェーズ②】

その後、法人を設立しました。法人として、金融機関からプロパー融資を獲得していくステージに立てました。法人で物件を購入後も、法人を鍛え上げることを継続して、融資を獲得し続けていくことができました。個人としても法人としても債務超過状態でない場合、論理的には融資を継続的に受けることが可能になってきます。同一金融機関から連続融資は難しいとは思いますが、金融機関から物件と時期が合致さえすれば、いつでも融資を受けることができる体制が作り上げられるという流れです。

【フェーズ③】

今はより規模が大きい再生物件、より再生が難しい物件にチャレンジしていくステージに立てると感じています。物件規模は3億~5億円までの規模となっていますが、さらに難易度が高い物件、金額的にも規模が大きいものへのチャレンジの道が拓かれるかもしれないと感じています。もちろん、無謀な挑戦は、事業家としてはマズイと思いますので、バランスを取って進んでいきたいです。

「おしい大家」は、フルローン、オーバーローンで物件を購入することが目的となっているため、新設の弱い法人を何個もつくり、融資を獲得していきます。この考えは賛否両論があると思います。「もたざる者」が「もっている者」に対抗していく、ということについては、一定の評価はアリでしょう。しかし、経費の見積りが甘かったりした場合、収益が出なく赤字となり、リフォームの先行投資もできないくらい運営が困窮してきてしまう可能性もあります。私は、フルローン、オーバーローンで物件を購入しても、キャッシュフローがキッチリ出る物件であり、キャピタルゲインも見込める物件であれば問題はないと考えています。ただし、「フルローン、オーバーローンで物件を購入することが目的となっている」場合、異を唱えます。お金を増やすことだけが主眼となっており、入居者や関係者の利害はそっちのけになってしまうからです。見通しが甘かったりすると、途端に「破綻」が現実的になってきます。

「できる大家」としての大道は、不動産賃貸業、不動産再生事業で、個人及び、法人を強く鍛え上げて、金融機関から融資を獲得して成長、拡大していくことです。人間の肉体を鍛え上げてプロのスポーツ選手になっていく流れと同じことを、不動産投資でも実践していきます。それができれば、失敗することがあっても、いつか大きく成功すること、大きく花が咲くステージに行くことができるでしょう。

段階を踏んで
収支構造を強化していけば
はじめは失敗しても
いつか必ず成功します

19

▼融資を受けるとき

〈おしい大家〉は、融資の出る金融機関を血眼になって探す
〈できる大家〉は、融資の出る個人・法人を作る

「できる大家」は、金融機関に「ぜひ、融資したい」と、言ってもらえる個人、法人にすることを意識します。

私の場合、個人としては、なるべく支出を抑えるため、割安な自宅を購入しました。そして、毎月の家賃をなくし、長期の住宅ローンを組むことにより、固定費を抑えて、貯金を殖やしていきました（P154〜156）。さらに、定期的に自社株式を給料天引きで積み立てていき、「生活費を給料の20％位で生活できないのか」と試行錯誤しながら実践してきました。まさに、個人の家計を鍛え上げる作業です。

自宅売却時にキャピタルゲインを得ていくので、実質家賃がゼロとなるよう関東近県に住みながら、住宅費が「なし」のスキームを作れることは、非常に大きかったです。この

住居費の改善だけでも、投資家予備軍の方が真似してもらえたら、個人としての家計は鍛え上げられていき、日々余裕を持って生活ができると思います。

簡単な方法としては、郊外の激安区分マンション物件、築20年~築30年のＲＣ・ＳＲＣ建物か、鉄骨の建物が狙い目です。リフォームがされていない物件を、自分でリフォームするということで安価に仕入れることが可能です。

首都圏の郊外であれば、３００万円~５００万円、都心部であれば１０００万円をメドに区分マンションを購入してローンを組んでいくと、家賃負担が非常に軽くなります。

私の後輩は、三越前駅から徒歩3分で、約１０００万円で区分マンション物件を私の知人業者から紹介、購入しました。この価格のため、そんなに快適な広さではありませんが、一人暮らしにはまったく問題ありません。自宅を購入検討する場合、そんなに安い物件はないと諦めがちですが、不動産投資のサイトで探すだけでも、１０００万円単位で節約可能な物件を探すことができます。「知っているか」「知らないのか」が、この世の中大きく経済的な成功、失敗を分ける道なのかもしれません。

「おしい大家」は、「いい物件に融資がついてしまえば成功した」という見方をします。確かに、不動産投資は、入り口の購入時に80%~90%が成功か、失敗か決まると言われることもあります。その情報を都合良く捕らえ、いい物件と融資をしてもらえさえすれば成功すると考えています。

このタイプがやっかいなのは、自分で個人、法人の財務を鍛えることはまったくしていないため、属性はまあまあであっても、自己資金が極端に少ない場合が多いところです。

個人及び、法人の財務を強く鍛え上げて、金融機関から融資を獲得する意識ではないため、「いい物件なら、いい融資条件になるでしょう」と考えています。さらにやっかいなのは、属性がいい場合、融資を獲得できることが多い点です。

こういう方は、いい家、いい車、子供の教育費、お付き合い、を優先するケースが高く、意外に自己資金が極端に少ない場合があります。入ってくるお金も多いのですが、出ていくお金も多いというパターンだと思います。自宅も、都心や高級住宅街にいい家、いい車とセットとなる場合が多く、個人としての財務バランスは、債務超過に近い状態の方も多々いるのです。

5年~10年、我慢して、緊縮財政をとり、個人の財務を強化して、自己資金を飛躍的に高めることができた場合、不動産投資は、アッという間に、自己資金を回収することも可能です。浪費しがちな方は資産を倍増させて、飛躍的に収入を増やしてから、いい生活をするという順番を守りません。

「できる大家」は、金融機関から継続的に融資してもらえる状態に持っていき、レバレッジをうまく使い、資産を倍増させて、飛躍的に収入を増やしていきます。使えるお金が増えてから、自分のやりたい事、自分の欲しい物を購入していく。この優先順位を決して間違えないように注意を払って進んでいきます。

融資を継続的にうけるために
浪費はやめましょう
使えるお金が増えてから
欲しいものを購入するべきです

20

▼融資担当者の言葉を

〈おしい大家〉は、真に受ける
〈できる大家〉は、裏を読んで理解する

「できる大家」は、購入を検討している物件を金融機関に持ち込み、担当してくれる金融機関担当者の言葉を正確に把握、理解できます。

たとえば、金融機関担当者が、「あなたの、この所有物件は買ったばかりなので、1年くらい様子を見させてください」「あなたが、1年後に決算状況が良ければ…融資を検討させてください」「次の融資について、現時点ではなんとも言えません」というような会話があった場合、「できる大家」は、「私には融資をする気がない」と判断しています。

「総合的に判断して、今回の融資はできません」「総合的に判断して、今回の融資は難しいです」もそうです。「物件を変えたら融資が出るかも」と思うのは間違いです。もし、物件が悪かったのであれば、「ぜひ、融資をしたいので、物件を入れ換えて、融資対象と

なる物件を持ってきてください」と言われることも想定できています。

「おしい大家」は、このようなセリフを言われたとき、「1年後まで、自分の所有物件の運営を頑張り、いい決算をしよう」と考えてしまいます。「1年後に持ち込んでも目がない」ことを理解できていません。「総合的に判断して、今回の融資はできません」「総合的に判断して、今回の融資は難しいです」という言葉も自分の属性で落とされているとは理解できていません。

「できる大家」は、金融機関担当者がダイレクトにすべてをあなたに伝えることはできないことを理解しています。そのため、言葉のニュアンスから、金融機関担当者の意図を推し量ることができます。脈がない金融機関は、さっさと諦めて、可能性がある金融機関を当たっていきます。ムダ打ちが少ないため、効率よく、金融機関を開拓していきます。正確に、金融機関担当者の意図を理解するコミュニケーション能力が、成否を分けていくのです。

結論②

1 「首都圏の建物」「地方の建物」ともにRCであっても「法定耐用年数内の返済年数」でかつ、「返済比率50（できれば40）％以下」になるようにする。

2 返済比率50％以下の建物で、満室稼働ができれば、不動産再生事業の成功に近づく。

3 金融機関の訪問は、基本紹介で行くこと。飛び込みでいくときは、理由付けがないといけない。

4 融資が出るからといって「いい物件」と勘違いしないこと。

5 法定耐用年数内で融資年数を受けるべし。

6 浪費は自己資本比率を悪化させ、融資に影響を出すと理解する。

第3章

管理運用 編

居住率50%増を当たり前にする業者との付き合い方

21

▼トラブルが起きたとき

〈おしい大家〉は、金銭面を最優先する
〈できる大家〉は、問題解決を最優先する

「できる大家」は、物件運営は、管理会社が「キモ」と考えています。大家が司令塔ではありますが、管理会社と協力して、円滑に物件の運営をしていく必要があります。入居者からクレームが入れば、迅速に現地に向かい、問題解決をする必要があります。自分の手となり、足となり動いてくれる管理会社の担当者がいなければ、運営が成り立ちません。

入居者からの連絡は、昼も夜も入ってきます。お客様をサポートする体制が管理会社にあり、24時間入居者からの連絡を受けることができて、問題の発生時は迅速に問題解決していかないといけません。賃貸不動産の、管理会社のサポート体制が「キモ」であると考えます。

もし、管理会社が入居者のクレームを放置して、適当な対応をするようであれば、入居

に関して不満足度が高くなり、いずれ退去してしまうでしょう。入居者のクレーム、困り事を解決する際、ある程度費用がかかっても「できる大家」は、問題解決を第一に考えています。お金は、二の次に考えて、まずは問題解決を図るために必要な費用は、迅速に支払うことを決断します。

私の場合、入居者のクレームに関しましては、かかる費用は後から精算をすることで共通の意識を持ってもらっています。管理会社のメンバーが、大家の顔色を見て、「この費用がかかりますが、対応していいでしょうか」というようなことをしていたら、迅速な対応は難しくなってしまいます。たとえ、かかる費用が確定していない場合でも、最後は支払いをすること、承諾することを意識しています。

冬場の給湯器故障、夏場のエアコン故障、夜間のストーカーまがいの人がいる、夜中に隣の部屋から騒音がすごい、自分の部屋の鍵を紛失してしまい部屋に入れない、台風により、水漏れがひどくて、室内がメチャクチャになってしまった、暴風により、室内窓ガラスが割れてしまい困っている、このような緊急を要する相談、クレームについては、費用を度外視して迅速に動くことが、入居者の満足度をあげることだと認識していくほうが得策だと思います。

一方で、自分の物件であっても緊急対応時の費用さえも支払いを拒む「おしい大家」がいます。とある「おしい大家」は、入居者が上階からの水漏れで困って連絡をしているのに、「水漏れの原因は、上階だからそこに住む人にすべての費用を請求してくれ」と、管理会社へ言ったそうです。

私は、そのような水害で、入居者が「衣服に損害があり、1万円を補填してほしい」と言ってきたようなことがありました。そこまで保障する義務はさすがにないのですが、保障することを伝えるだけで、それはもう喜んでくれたそうです。1万円程度で入居を続けてくれるようなら安いもの、「おしい大家」は「損して得とれ」という発想がないのでしょう。

「できる大家」は、管理会社と助け合いながら、パートナーとして入居者に喜んでもらえるサポート体制を構築していきます。管理費が安いからこの管理会社にしよう、という「お金」で決めていくこともしません。所有物件の運営は、管理会社が「キモ」と考えていますので、管理会社との信頼関係を築いていきます。

22

▼管理会社を

〈おしい大家〉は、あごで使う
〈できる大家〉は、手のひらのうえで転がす

「できる大家」は、管理会社が大家にして欲しいことを察知して動きます。

私の場合、具体的には、管理会社が喜ぶのは、物件の清掃体制の構築、退去後のリノベーション・リフォームの実行、入居者からのクレーム・相談への迅速な対応（金銭の支払い含む）、この辺りを実践していくことにより、管理会社が「あの人の所有物件は動きやすい」と言ってもらえるのだと思います。他にも、入居者を募集する際の適正な広告費を支払うこと、入居者への入居時プレゼント、希望者にはカーテンのプレゼントなども管理会社に喜ばれるでしょう。

なお室内のリノベーション、リフォームでも各部屋が違うコンセプトで、室内のリフォーム方針を決めていきます。壁紙の選定、照明機器の選定、カーテン選定、室内のステー

ジングと呼ばれる家具を設置してモデルルーム化、等の作業を大家自らが先頭にたって企画して、各作業のプロの方々へお願いしていきます。

地方の物件であれば、駐車場が1世帯×1台ではなく、敷地内駐車場では不足する場合があります。そういう時は、近隣駐車場調査を積極的に、管理会社と協力して実施して、借り上げも視野に入れて、所有物件の魅力を高める努力をしていきます。駐車場を借り上げて、大家への実入りはありませんが、所有物件だけでは入居者ニーズを満たせないのであれば、周辺環境を取り込み、入居者ニーズを満たす物件へ管理会社と協力して仕立て上げていきます。

私の所有物件で、首都圏で大型のファミリー物件を所有した際、駐車場不足の問題が露呈した物件がありました。首都圏であってもファミリー物件の場合、駐車場のニーズがあるエリア、物件も多々あります。このとき私は、近隣駐車場をおさえて、約30台以上の駐車場を、この物件の方が利用できるようにシステム構築していきました。一時的に駐車場費用が余分にかかってしまっても、駐車場の区画を確保することを優先した取組みでした。

結果、一旦出費をしても内見からの決定率を高め、さらに、長期入居へも繋げていくことに成功した事例です。

重要なことは、管理会社担当者に柔軟に協力してもらえないと、このような取組みは難しいという点です。管理会社が協力的であってくれるよう、敬意と必要経費を常に払うようにしてください。

「おしい大家」は、管理会社をアゴで使い、使い倒してやろうと考えています。管理費を支払っているのだから、何でもやるのは当たり前だと考えています。入居者のクレーム対応、問題発生時のトラブル対応、退去者が出たら入居付け、何から何まで、管理会社がやるべきことだと思っています。部下か、何かと勘違いしています。気に入らない担当者がいれば、すぐに担当者変更を管理会社の上司に言いつけて、担当者の顔を潰すことなど、まったく気にしていません。そのような仕打ちをした管理会社の担当者が、その大家の物件は、絶対に客付けしなくなることすら、予想できないのです。

「できる大家」は、管理会社を手のひらの上でころがしながら、実は「管理会社」の手のひらの上でころがりまくり、動きまくり、入居者に喜ばれる住環境を提供して成功していきます。

23

▼管理会社に依頼事項があるとき

〈おしい大家〉は、**電話をする**
〈できる大家〉は、**メールをする**

「できる大家」は、簡単な依頼事項や、伝言について、急ぎでない場合、メールを活用します。私の場合、電話は急ぎの用事に限るか、急ぎの対応したほうがいいことについて連絡をします。特に不動産賃貸事業では、土曜日、日曜日は、非常に忙しい日となりますので、忙しい可能性が高い日は、極力メールで依頼します。

逆に、管理会社や客付け会社のメンバーからは、もし、入居希望者のお客様から、家賃交渉、この条件を飲めば決まる、といったような場合には、管理会社担当者が遠慮しないように、私の携帯に迅速に電話確認をしてもらいたいと伝えています。

共通のゴールは、「入居希望者に入居を決めてもらうこと」です。そこに直接繋がる話は重要度が高く、大家に遠慮をしないで電話をしてもらうお願いが必要となります。その辺り、電話とメールはバランスに気をつけて、管理会社、客付け会社とお付き合いしています。当然、大家も24時間、いつでも電話に出られる訳ではありませんが、繁忙期などはなるべく入居者のタイミングに合わせて回答してあげるスタンスです。

「おしい大家」は、管理会社へどうでもいいことを電話します。管理会社に「なんで決まらないのか」と文句の電話を毎日、毎日、毎日何度も電話をします。これは、管理会社が大家にやられる嫌なことの一つでしょう。

「おしい大家」は、朝一に「空き部屋はまだ決まっていませんか」、と確認して、昼休みにまた同じ質問、夕方にさらにもう一つ。果ては残業している時間帯にも「空き部屋はまだ決まっていませんか」と追い打ちをかけます。1日4回も追っかけられ、しかも毎日電話で確認するのですから、これは管理会社や客付け会社の担当者もたまったものではありません。

「できる大家」は、相手からやられたら嫌なことを止めて、相手がしてもらうと嬉しいことに徹することができます。だから、周囲の人が、「できる大家」を成功へ導くような動きをしてくれ、成功を引き寄せるのです。

24

▼物件を購入したあと

〈おしい大家〉は、まず入居付けを行う
〈できる大家〉は、まず清掃を行う

「できる大家」は、一棟物収益不動産の物件購入後、まずは自分で清掃してクリーンな住環境提供に一歩を踏み出します。物件購入してすぐには清掃体制も構築できないため、自分で最初に物件の清掃をして、清潔感ある住環境にする努力をします。

管理会社を決めて、清掃体制を構築できれば、定期的に自分で清掃に行く必要はありませんが、清潔感のある建物共用部、室内であれば、入居者に喜ばれ、新規入居者獲得にも効果があることを良く理解しています。

私も物件購入後、決済日もしくは、決済翌日、決済後、初の週末などに、建物の清掃に向かいます。運営状態が悪い一棟物収益物件を購入して再生していきますので、清掃状態がいいことは皆無です。数名でも入居者がいる場合、清掃をするだけでも喜ばれるケース

もありました。

マンション、アパートでは、自分達で清掃をして綺麗な状態にしようと考える入居者は非常に少ない状況です。オーナーサイドで清掃を手配して共用部を清掃してもらうことが一般的と考えられているからだと思います。私の所有した再生物件の一つには、共用部にまったく清掃が入っていない状態が、数年続いていても入居者の方が我慢して住まわれているケースがありました。本当に、この状態で何年も我慢して入居者が住んでくれる不動産賃貸事業というのは、恵まれた事業だと思いました。

日本人の入居者は、それだけ我慢強いのか、共用部清掃などには無関心なのか、この状態が許されてしまう事業環境にチャンスがあるように思います。ホテルや民宿、ゲストハウスなど常にクリーンさが求められる宿泊施設とは事業レベルに雲泥の差があり、事業家としては、ハードルが低い事業だと感じます。

一方、「おしい大家」は、一棟物収益不動産の物件購入後、まず入居付けを考えます。お客様に入居してもらう感覚ではなく、部屋を埋めることが最優先という考えです。投資という数字ありきの考えであり、儲かればいい、だから部屋を埋めないと、となります。

「おしい大家」は、賃貸事業を投資とだけ考えて行動するため、快適な住環境の提供には興味がなく、清掃を疎かにしてしまいます。

優秀な管理会社に管理をお願いして、入居斡旋の広告費、キックバック、お金で入居者を付けていくことだけ考えています。入居対策は、お金をばらまけば解決すると考えています。一棟物収益不動産の立地、建物に潜在能力がある場合、お金をばらまけば入居者が決まってしまうケースも多々あるのが、やっかいなところです。

しかし、それは大家の能力ではないため、建物の能力が落ちるとすぐ空室が多くなってしまいます。

「できる大家」は、「クリーンな環境が快適」と万人に共通する感覚を重要視しています。誰でも、汚い環境の場所に、長く住みたいと考えることはないこと、少し考えれば誰でも分かることですが、投資となると、この考えが吹っ飛んでしまうのが恐ろしいところです。どちらの大家が高収益を継続できるか、改めて考えてほしいところです。

25

▼リフォーム・リノベーションを
〈おしい大家〉は、客付けが決まってから行う
〈できる大家〉は、客付け前に行う

「できる大家」は、「快適空間に空室無し」と考えています。適正な家賃で入居者に「快適だ」と感じてもらえる空間であれば、空室は無くなり、満室経営ができる事を理解しています。そのため、室内のリノベーション、リフォームでバリューを提供して、リーズナブルな家賃で快適な住環境提供をすることに力を注ぎます。空室が出ると、管理会社や客付け会社の営業が、入居希望者へ競《きそ》って案内をするレベルになってきます。

私は、建物の外壁やエントランス、共用部の再生にも力を掛ける場合と、最低限の投資で、入居者に許容されるレベルの再生とする場合があります。

共用部は、掛かる費用が膨大なため、費用を掛けすぎると回収に時間が掛かりすぎて、運営が軌道に載る前に「再生失敗」となるので注意しましょう。ただし、室内については

必ず、リノベーション、リフォームでバリューを提供していきます。築年数が古くても、多少建物の見栄えが悪くても、室内を綺麗にして快適な住空間と家賃バランスを良くすることで、入居者を獲得していきます。

私の所有物件では、室内が、15㎡以下の3点ユニット（バス・トイレが一緒）であっても、立地が良く、室内を綺麗にリフォームして、家賃を3万円前後に抑えて、常時満室、空室が出てもすぐに入居頂ける物件があります。一方で、家賃20万円以上で、建物、室内共に見栄えもよく、バリッとしている物件もあります。

入居者の希望は様々

入居者が希望される家賃帯は本当に様々です。家賃がリーズナブルな物件でも、カーテンをプレゼントしたり、希望入居者が入居を決めてくれたら、おシャレなプレゼントを用意したり、家具付きの部屋、家電付きの部屋、色々なバリエーションを使いながら快適な住空間の提供に手間暇をかけていることが、不動産再生事業で成功するキーです。

「おしい大家」は、不動産賃貸業、不動産再生事業で、「不満足空間に満室無し」だということにきづいていません。「室内のリノベーション、リフォームは、入居者が決まってから実施するから、まずは入居者を決めてきてよ」と本気で管理会社や客付け会社の営業に言います。管理会社や客付け会社の営業は、この大家、オーナーは相手にしないほうがいいな、と心の中で呟きます。

そして、いずれは客付け会社の営業に見向きをされなくなり「当て物件」に降格していきます。そうなっても、誰も注意もしてくれません。あなたの物件が、「当て物件」に降格していて、マズイ状況ですよ、とは誰も教えてくれません。「あいつにアドバイスは無意味」と「おしい大家」は思われるのです。

「できる大家」は、利益を独占しません。入居者や関係する業者にも利益を還元して、周囲を幸せの輪に引っ張り込んでいきます。結果、「おしい大家」を、ぶっちぎることになり、トップを快走していくことでしょう。

26

▼管理会社を選ぶとき

〈おしい大家〉は、**感覚で選定する**
〈できる大家〉は、**数値で選定する**

「できる大家」は、一棟物収益不動産の物件購入後に、管理会社を選定するポイントを心得ています。管理会社を選定する際、「この担当者の言うことは信じられる」「この担当者の人柄なら大丈夫だろう」と感情で判断しません。管理会社の能力を数字に落として、実力を炙《あぶ》り出していきます。

私は、物件購入時、ほとんどの場合、管理会社を変更してスタートしていきます。一棟物収益不動産で運営や状態が悪い物件を購入するわけですから、管理会社をそのまま継続する選択は「死」を意味するケースが多いからです。

具体的には、管理会社選定ポイントをハッキリとさせて、エクセルシートに点数を記入していく方式です。管理会社を個別に採点していきます。競争力がない物件でも、大家の熱意があれば管理を受けてもらえると思いますが、物件の力で「管理をぜひ弊社でやらせて欲しい」と言わせるくらいでないと、安定した経営は難しいでしょう。物件を購入する前に、私は徹底的にリサーチします。室内の間取りや家賃設定で圧倒的に勝てそうな物件を取得する努力をするのです。

運営は何十年と続くのですから、毎年、毎月、汗水垂らして客付け会社を廻り、自分の物件にお客様を付けてもらえるようにお願いして、広告費を相場より高く支払い、入退去毎にリフォーム、修繕を実施していくのでは、消耗戦に突入してしまいます。

物件購入時に、必死に汗水を垂らして、物件選定、物件の買付、物件のグリップ、物件の融資付けをして決済まで時間と労力をかけるべきです。購入後は運営能力を磨けば自然と満室にすることができます。

融資ありきで物件を購入しない

「おしい大家」は、物件購入後に、何も考えないで管理会社も引き継ぎます。今まで管理をしてくれていたなら、安心だ。うまく運営してくれるだろうと、勝手に思い込みます。

管理会社をそのまま引き継いで運営していきます。

ある時、運営状態がジリジリと後退してきて、空室が増えてくると、はじめて「何かおかしいのではないか」と慌てる次第です。こういう人は、「管理会社はどこにお願いしても、あまり変わらないのではないか」と思い込んでます。

管理会社の数値化の仕方

「できる大家」は、管理会社選定のポイントを整理していきます。

会社名、住所、電話、担当者、管理／賃貸契約条件、管理費用、管理戸数、管理物件の入居率、管理人数（管理物件数に対して人数は足りているのか）、仲介時成約手数料、広告料・広告宣伝費、清掃体制と費用、競合物件についての把握状況、適正家賃の把握状況、管理会社担当者コメント（前向きか後ろ向きか）、管理会社マネージャー・コメント（前向きか後ろ向きか）、最終的に管理会社を自分で評価、という具体的な評価ポイントでエクセルにして、点数化していきます。

●管理会社の点数化の例

会社名	住所	電話番号	担当者名	管理／賃貸契約	管理戸数	入居率	管理人数	管理費用	成約手数料
				○	7200	88%	30	5%	1か月分
				○	1000	未回答	1	5%	1か月分
				○	1500	未回答	未回答	5-7%	1か月分 +AD1か月分

広告	広告宣伝費	清掃費用	競合について	設定家賃について	担当者コメント	調査結果コメント	点数
店頭、 会社HP、 スーモ	なし	確認後、 折り返すとのこと	同エリアになし	妥当	学生相手より 社会人の単身者を ターゲットにしては	親切丁寧で好感	95
スーモ、 アットホーム	なし	月2回で2万円 ただし4～5時間	同エリアになし	妥当だが、 ペット可などがあれば さらにOK	付加価値の向上について 相談しながらやりたい	地域特性はわかっている感じ	80
スーモ、 アットホーム、 ヤフー	要望により AD 1か月分	4-5000円	競合多し	高め	この物件取得は疑問	ネガティブな意見多し、知識も△	40

この点数上位の会社を管理会社に選定するだけですから、感情の入る余地はありません。管理会社を数値化してしまえば、新規エリア、知らないエリアに物件を購入して管理会社を決める際も、そんなに不安やプレッシャーを感じることは少なくなると思います。

この数値化を何度か繰り返すと、候補の管理会社にヒアリングしただけで、「この会社に管理をお願いしたら満室になるだろう」「この管理会社にお願いしたらボロボロになるな」という感覚は研ぎ澄まされていくものです。

数値化をすることで
管理会社を選定するときも
余計なプレッシャーから
解放されることになります

27

▼退去者が出るたび

〈おしい大家〉は、空室になれていく
〈できる大家〉は、満室に意地でも戻す

「できる大家」は、すべての物件で黒字化を実現して、満室を維持することにこだわります。不動産賃貸業では、満室稼働が売上げの最大化です。満室以上の売上げはありません。「売上げの最大化＝満室」という、シンプルなシステムを理解しています。

携帯電話のアンテナ設置を誘致したり、自動販売機を設置したり、建物の壁面を広告表示版とするなどの工夫で売上げを上げることは確かにできますが、それらは補足にしかなりません。不動産賃貸業は満室にしてから、経費を調節、コントロールして、利益を生み出していく仕組みを作ることが理想です。

さて満室稼働させるコツですが、入居者は払った家賃より、現在の住空間に満足すれば、住み続けてくれます。転勤などによる退去は仕方ありませんが、住空間の不満足からの退

去を減らすことができれば、不動産賃貸業は安定経営ができます。昨今は、新築アパートですら、エリアによっては競争激化により入居者を集めることに苦労されているパターンも多いのです。レッドオーシャンに自分から突っ込んでいく戦略は、事業家として棘《いばら》の道を自分が選択している意識があればいいのですが、その認識がないことが恐いと感じます。

「おしい大家」は、物件購入時の入り口段階で、競争力がない物件を所有してしまい、管理会社からは「この物件では満室稼働は無理ですよ」という発言をウノミにして、自ら空室に慣れていってしまいます。志高い大家としてやっていくのだという気持ちは、わずか数ヶ月でなくなってしまいます。

満室にするキーは購入前の努力です。管理ももちろん重要ですが、それらは幹です。物件という土台がしっかりしていないと、いくら幹を育てようとしても、根本から崩れてしまいます。「できる大家」は、勝てる物件を選定して、必ず勝ち続けられる物件購入を続けていきます。満室稼働できる物件を見極めて購入して、満室稼働にこだわり、黒字経営していく、この意識が根付いていています。

28

▼不動産賃貸業を

〈おしい大家〉は、**金のなるおいしい職業だと捉える**

〈できる大家〉は、**相手のニーズを満たす職業と捉える**

「できる大家」は、不動産投資は、住環境を提供するサービス業、ホテル事業に近いイメージを持っています。住環境を提供するサービス業なので、快適な住環境をキープすることに力を注ぎます。清掃を徹底してクリーンな環境を維持し、室内の原状回復をキッチリとおこなう、リノベーション・リフォームを駆使して、室内空間の魅力をアップします。「入居者に喜んでもらいたい」という心意気が、これでもかというくらい「できる大家」の物件には詰まっているものです。

私は、不動産賃貸業、不動産再生事業について、「住環境を提供するサービス業」であることを徹底しています。入居者に喜んでもらえる「快適な住環境」を提供することに集中しています。

ある時、不動産投資家の友人に、「それだけお金あってなんで自分に使わないの?」「どこまで行ったら自分に使うの?」と言われたことがありました。私も物欲がないわけではありません。ただ、現在はそこに使うお金があったら、事業に突っ込みたい、全財産を事業に向けて集中して勝負していきたい、その想いが勝ってしまいます。私は、ストイックに事業に向かうことを結構楽しいと感じてしまうタイプなのかもしれません。周囲からすると、「自分をいじめる変態」に見えるようです。

不動産投資の誤解

「おしい大家」は、不動産をキャッシュマシーンと考えています。不動産投資は、事業でなく、金融機関にあるATMと同じだと勘違いしています。所有する建物や室内には興味もなく、室内の原状回復すらままならず、「魅力ある居室環境」からほど遠い状況です。

「おしい大家」は、お金にしか興味がない人を吸い寄せて、適当な管理会社、適当なリフォーム会社、適当な不動産会社、本当に多くの「他人事」で仕事をする適当な人に囲まれて生きています。その状態であれば、仕事の質は落ちて、魅力ある住環境提供どころか、入居者や入居希望者ががっかりする住環境を作りあげることになります。不動産をキャッシュマシーンと考えていたのに、キャッシュを吸い上げるマシーンへと変わっていくことにきづいていません。

「できる大家」は、入居者、入居希望者の方々が喜んでもらえることは、「快適な住環境を提供する」に集約されると考えています。そこに辿り着くための努力を続けていくものだけが生き残っていくことも理解しています。

だから「できる大家」は「お客様の問題解決」による「お客様の満足」が、事業推進の意義であり、価値であると感じるのでしょう。

「快適な住空間」を
提供していれば
入居者は満足するものです
清掃や現状回復のお金を
絶対にケチらないでください

結論③

1 管理会社は大家の部下ではない。いかに管理会社に気持ちよく働いてもらうか考えることが大切。

2 入居が決まってから、リフォーム・リノベーションをするというのは順序が逆になっている。

3 管理会社の選定は感覚ではなく、数値で決める。

4 トラブルの解決は最優先で行い、お金の請求はトラブル解決の後に行わせる。そして、その請求に文句はつけないこと。

5 共用部の再生は、掛かる費用が膨大なため、運営が軌道に乗る前にお金をかけすぎることは危険です。それよりは室内リフォーム・リノベーションを優先していきましょう。

第4章

再生編

資産価値を爆発的に高める再生ノウハウ

29

▼不動産再生事業について

〈おしい大家〉は、リスクを見いだす
〈できる大家〉は、価値を見いだす

「できる大家」は、不動産再生事業は、土地・建物の再生に留まらず、売主であるオーナーや所有会社の再生にも関わる壮大で夢のある事業だと考えています。潜在能力が高いのに、うまく運営できていない土地・建物、再生を期待される物件が多く市場には存在していることを知っています。中には、価格が高すぎて採算が合わない物もありますし、すべての不動産再生物件が素晴らしいということでもありません。しかし、割安な不動産で、土地・建物の再生をすれば素晴らしい収益性を発揮するキラリとした潜在能力を見抜く力があります。

物件取得価格にプラスして、物件再生に必要な作業を洗い出します。品質が高いリノベーション・リフォームが得意な業者、外構工事が得意な業者、駐車場・駐輪場整備が得意な業者、屋上防水が得意な業者、外壁塗装が得意な業者、オートロック、屋内駐車場シャ

ッター構築等のセキュリティ強化システムを得意とする業者、貯水槽、受水槽、浄化槽等の設備を得意とする業者、協力会社に必要な修繕箇所ごとに必要な概算費用を算出します。

必要な修繕費用を物件取得価格にプラスして、一棟収益不動産として市場価格より大幅に割安に入手できるのか、適確に判断します。不動産再生事業において、闇雲に再生物件を入手して再生していけば、たちまち資金がショートして、経営がたちいかなくなります。「市場価格よりも大幅に割安入手する」これが、不動産再生ビジネスの根幹と理解しています。

もちろん再生できなかった場合のリスク、全空物件に入居者が現れなかった場合のリスク、金融機関に返済できないリスク、通常の不動産賃貸業では発生しないリスクなどなどリスク満載の投資法ですが、割安に入手できればできるほどリスクを軽減することができます。

私の場合、数字的なリターンより、再生事業の魅力に重点をおいています。通常の不動産投資家では、できない事業、知識や経験を積んだ不動産事業家にしかできない事業、そこに魅力を感じます。私が事業へ向かう姿勢は、誰でもできる事を無難にやり、お金持ちになることが目的ではないからです。

たとえば、旦那さんが大きな借金をして建物を建築したものの、すぐに亡くなってしまい、奥さんが知識も経験もなく引継ぎ、競売《けいばい》一歩手前という事態を何度も見てきました。こういうケースでは、オーナーを再生する意味で、再生事業の一環として取組み、任意売却で債権を持っている金融機関、周囲の債権者と積極的に交渉をして、状況を整理整頓して、私が買い取りをしていきます。その際、チームとして協力してもらえる不動産会社と強力なチームを作り、関係者と調整を進めていきます。

会社が倒産してしまったパターンでは、差押えとなり、土地と建物の所有権を裁判所預かりとなっているものがありました。売主が不在の物件ケースです。

私が購入できたケースでは、首都圏の便利な立地に、立派な建物が建っている物件でした。この場合は、土地・建物の再生事業という位置づけです。首都圏の利便性の高い立地であり、建物は重厚な造りで、エントランスは大理石で住戸を1戸潰して、天井も高くとられています。一見して建築費用をかけた建物と分かる物件でした。街のシンボル的な土地・建物が利用できないで放置されていましたので、この街の活性化にむけて、この物件を再生して地域貢献の一助になること、これも不動産再生事業の魅力の一つだと、私は感じています。

「おしい大家」は、不動産再生事業を冷めた目で見ています。不動産再生事業はリスクの高い事業だと考えています。「再生事業」「入居者」「街」「住環境」「街の活性化」には、さらさら興味はありません。「お金が儲かるのか」が最大の興味であるからです。

「売主」が瀕死の経済的な重傷であれば、徹底的に叩いて、自分が安く買うことだけに注力します。そこで、「売主」がどうなろうと知ったことではないのです。不動産再生事業の「物件を再生して地域貢献の一助になること」などは、綺麗事として考えています。不動産が自分を儲けさせてくれる道具ですから、そこに想いは存在していません。

「できる大家」は、不動産再生事業を、お金を儲けるだけの仕事として見ていません。自分が価値あると考えることにチャレンジして、入居者、周囲の関係するメンバー沢山の笑顔を見ることができると考えています。、お金を受取る金額も重要ですが、感謝を受け取ることができる「不動産再生事業家」に魅力を感じます。

30

▼リターンについて

〈おしい大家〉は、投資の前に確定されるべきと考える
〈できる大家〉は、投資の後に発生すると考える

「できる大家」は、不動産賃貸業、不動産再生事業で、賃貸募集、客付け前にリフォームを必ず実施します。室内環境を整備して、入居希望者が入居したいと思ってもらえるように最大限の努力をしていきます。室内のリノベーション・リフォームを実施後、カーテンをプレゼント用に設置したり、入居を決めてくれた方へおシャレなプレゼントを用意したり、室内のステージングを実施したり創意工夫をしていきます。そして、「首都圏の物件」なら稼働率90％以上を確保、「地方の物件」なら稼働率80％以上の確保をするように努めます。

室内のステージングでは、おシャレでリーズナブルな家具を配置して、新築マンションの展示即売会のようなイメージで環境を整えます。退去後の原状回復工事は絶対であり、リフォームにも力をいれます。「入居者が決まったらリフォームする」という感覚は皆無

です。「先行投資をすることにより、リターンを得る」流れとなっており、「リターンを確定させてから先行投資をする」という考えは一切ありません。

そもそも、退去後の原状回復工事をされていない部屋、リフォームしていない部屋に、入居希望者が内覧しても決めることはありません。

私は、退去後の原状回復工事をされていない部屋は、迅速な原状回復工事、リフォーム・リノベーションを実施していきます。リフォーム・リノベーションの作業内容と費用を考えて、状況により随時判断しながら不動産再生事業を進めています。家賃の設定が、シングル仕様で、非常にリーズナブルな部屋である場合、あまりリフォーム・リノベーションでバリューアップをするより、原状回復工事のみに抑えて家賃をリーズナブルなまま募集をする方法で満室稼働運営しているケースもあります。

家賃価格帯が高く設定できる首都圏のファミリー物件であれば、リフォーム・リノベーションでバリューアップをしていく場合もあります。首都圏で、シングル物件であれば4万円~8万円前後、ファミリー物件であれば5万円~10万円前後が家賃価格帯のボリュームゾーン物件になると思います。家賃価格帯のボリュームゾーン物件は、過度なリフォーム・リノベーションであるより、原状復帰工事プラスおシャレなリフォーム・リノベーションを実施していくことにより、家賃価格帯のボリュームゾーンから外れることがないように調整します。

首都圏では、シングル物件で、家賃が15万円〜20万円前後、ファミリー物件であれば20万円〜30万円前後の物件に関しては、キッチリとしたリフォーム・リノベーションとオンリーワン物件として選ばれるキラリと光る物件に仕上げていくことにより、私は満室を維持していきます。

この価格帯の家賃をいただく物件は、さすがに首都圏の中心部に近く、立地がいい場合か、建物のグレードがいい仕様か、何らかのハードウェアとして物件の魅力も相当備わっていることが条件になります。私の所有物件の中でもグレードが高い位置づけのため、家賃価格帯のボリュームゾーン物件とは違う作戦で満室稼働を維持しています。

具体的には、グレードの高い壁紙や床材、水栓や水回り部材は賃貸グレードよりワンランク高い、分譲用マンションに近いグレードの部材を利用します。洗面台やシャワーや水栓は特殊の形状のもので、汎用品ではない商品を利用することもあります。非常に高い家賃帯であっても、日本では会社が借り上げをしてくれる場合があるので需要は一定してあります。

不動産事業を始めた頃、私は「いくら首都圏であっても、こんなに高い部屋を借りてくれる人がいるのか」と不安に思ったことが多々ありました。しかし、転勤族の会社では、逆にこのような高価格帯の賃貸物件を探している会社もあったりして、「リーズナブルな賃貸マンションに入りたくない層がいる」そのような市場が存在していることに、後からきづくことになりました。

「おしい大家」は、「お金がない」「もったいない」と色々な言い訳を管理会社に言って、客付け前のリフォーム実施を渋ります。「入居者が決まったらリフォームするよ」と真顔でいいます。心の中で管理会社担当者は、「どん引き」していいます。「汚い部屋に案内して、だれが入居したいと思うのだろうか」と、心で呟き、グッと飲み込みます。そんなことも意に返さず「おしい大家」が管理会社担当者へ「入居者を決めてきてよ」と言ったりするものだから、「イラッ」とします。人間ですから、当たり前ですね。

また違ったタイプの「おしい大家」は、室内のケチケチ・リフォームを指示してきます。

中途半端なリフォームや、センスのかけらも感じられない壁紙や床、いったいどうしたらこの部屋に住みたいと感じてもらえるのだろうか、という摩訶《まか》不思議な部屋作りを指示してくるのです。

仕上がった部屋に、本人は大満足、管理会社担当者、客付け会社担当者は「えー、この部屋はないでしょう」と、「どん引き」します。思わず顔に出てしまう人もいるくらい、入居者に選ばれない要素がオンパレードの部屋を作りあげます。

「できる大家」は、入居者目線でリフォーム・リノベーションを実施していきます。入居者が喜ぶ設備、センスを感じる壁紙や床材、アクセントカラーをうまく配置し、各部屋にコンセプトを作り、コンセプトにそった室内環境を整備していきます。成功のための先行投資を惜しまないのが、「できる大家」の特徴なのです。

31

▼リフォーム・リノベーションを〈おしい大家〉は、均一に行う〈できる大家〉は、差別的に行う

「できる大家」は、新築であれ、中古の一棟物収益物件であれ、どのような入居者をターゲットとするか考慮して、コンセプトをまとめていきます。自分の物件に特徴をつけて、他物件との差別化を図ります。差別化を図ることにより、コモディティ化を避ける事ができて、お客様に選ばれる物件となっていきます。

一旦入居してくれた方も他では実現できない室内環境、住環境が揃っている場合、長期入居に繋がります。長期入居をしてくれれば、退去後の原状復帰工事、リフォーム費用、修繕費用が嵩《かさ》むことがなく、安定した賃貸経営を実現することができます。

激安で入手したアパート・マンションの場合、立地や室内間取りの競争力がない物件もあります。そういうときは家具・家電設置やプレゼントをするプランを企画して募集を工

夫する、ペット可にして差別化を図る工夫をする、漫画家限定、芸術家限定、ゴルフ好き限定、ビジネスマン限定、学生限定、女性限定など職業や趣味、入居者の共通項で差別化することにより、特徴ある物件を企画していきます。

地元の人気スポーツに目をつける

私は、約20～30部屋の空室がある中古1棟物件を再生していく場合、同じ物件内でも同じ室内環境とすることはありません。部屋ごとにテーマカラーを考えていきます。

たとえば、福岡の所有物件ですとソフトバンクホークスお膝元のため、黄色をテーマにして部屋に特徴を持たすパターン、名古屋なら中日ドラゴンズの青色をテーマに特徴を持たすパターン、埼玉なら浦和レッズの赤色をテーマに部屋に特徴を持たすパターンなど様々なパターンを用意します。遊び心を持って物件に特徴を持たせるのです。

私は、リフォーム・リノベーションで居室空間の差別化ができた後は、ホームステージングを導入することもあります。業者にお願いして設置すると楽ではあるのですが、家具がレンタルになることを避けるため、自分達で家具の調達・設置をするようにしています。

●地元のスポーツをコンセプトにした部屋作り

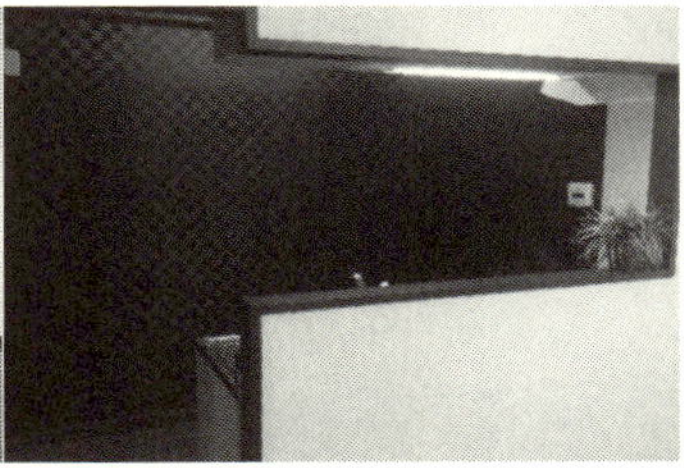

埼玉の物件ではキッチンを赤、背面を黒の浦和レッズカラーにした

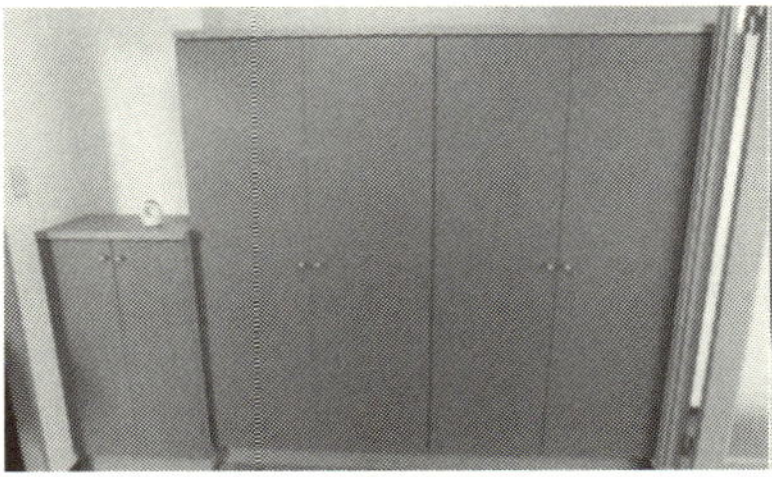

名古屋の物件では、玄関口やキッチンをドラゴンズカラーである青で統一

●どうしても入ってほしい部屋にはホームステージングが有効

◀ファミリータイプのホームステージングの例。家具を自分で用意することで入居者のニーズにも柔軟に対応する

▶シングルタイプのホームステージングの例。このまま使いたいという人には賃料アップの提案をする。

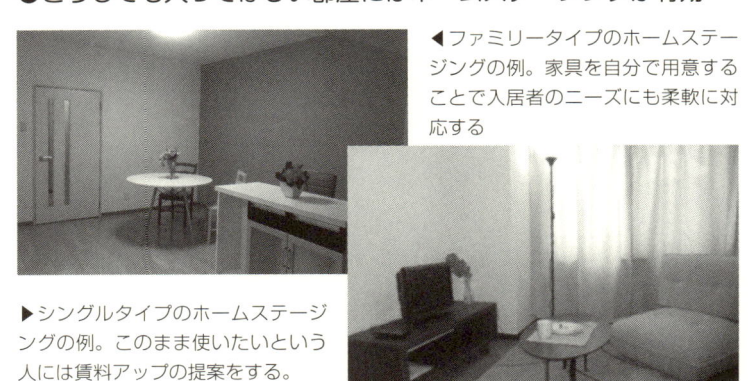

自分達で設置すれば、入居希望者が「このままの部屋に住みたい」と言ったとき簡単に対応できます。ここも差別化の一つですが、そういう要望があったら、賃料に1000円~5000円をプラスして入居いただくプランを提案していきます。ここまで話が進むと、私の物件に住むこと前提で交渉できますので、内見の入居決定率があがっていきます。

遠方の場所から、急遽転勤が決まり、3月末に転勤辞令が出て、4月1日から転勤して出勤しないといけない、といった転勤族のサラリーマン家族で決まったこともありました。家具を用意するヒマもなかったので、自ずと家具付きの私の物件に決まったのです。

通常の退去後、毎回ホームステージングを実施するのは大変ですので、どうしても決めたい繁忙期、どうしても決めたい部屋に関して実施しています。

分譲マンションのモデルルームまでセンスよく、綺麗にホームステージングしなくても、入居率や家賃アップにつながるので私は余裕があれば行うようにしています。

自分たちで家具を購入するようになると、自社製作をしている家具工場や家具メーカーの中にはセンスがあり、かつ驚くほど安いものがあるということもわかってきます。そういう視野が拡がる楽しみもあるので、興味がある方はチャレンジされるのをお奨めします。

「差別化」という発想を持とう

「おしい大家」は、入居者目線で室内のリフォーム・リノベーションを実施して居室空間の差別化をすることに興味はありません。差別化がしにくいかどうかも考えないので入居率は低下する一方です。

それでも地主であれば、建物だけなので傷が浅いケースもあります。しかし、不動産投資の初心者が、ライバルが多いエリアに一般的なアパートを、フルローンやオーバーローンで購入していく場合、利回り、数字的には厳しいものがあります。新築直後でも、入居率が10%~20%を低迷するような事態となることも多々ある状況です。

問題の原因は、「購入金額を間違えてしまった、高すぎたこと」以前に「競争の激しエリアに差別化しにくい物件をわざわざ購入してしまったこと」です。不動産投資家としての「甘さ」が、このような事態を引き起こしてしまいます。

そして、リフォームやリノベーションは改修費用がかかるため、なんとか聞きかじりのホームステージングを実施して、急場を凌ごうとします。100円ショップで買ったコストだけに拘ったホームステージングを進めていきます。

でき上がった部屋を、管理会社担当者、客付け会社の担当営業が見ると、驚きを通り越します。「この大家正気か！」と心の中で叫んでいます。安易な考えと、セコイ行動からは、魅力的な住環境を提供することは難しいのです。

「できる大家」は、とにかくお客様に選んでもらえる物件にして、他の物件との差別化に力をいれています。結果的に、所有物件すべてで常時高稼働率を維持することに成功しています。

32

▼再生が可能かどうかを
〈おしい大家〉は、室内の汚れ具合で判断をする
〈できる大家〉は、建物全体で判断をする

「できる大家」は、「建物全体を見て、いけるかどうか」判断をしていきます。そのプロセスで、専門的なところは専門家に任せていく方針です。建物の状態把握、修繕・メンテナンス状況確認、今後の修繕必要項目の洗い出し、道路付けに問題がないか、自分が不得意な分野は、業務委託にてその道のプロに協力を仰ぎます。

私が他人に任せにくいと感じて一番注力しているのは、「募集家賃調査とその決定」です。「周囲の環境調査や周辺物件の家賃調査」は、自分の足で歩き、自分の目で見て「募集家賃、適正家賃」を決めていきます。ここが間違ってしまうと、すべての不動産再生事業の計算が狂ってしまうからです。

「おしい大家」は、「室内の汚れ具合を見て、ダメだと判断」します。建物共用部が汚い

物件や、室内がリフォームされていない汚れが酷い物件は、購入する価値がないと短絡的に考えてしまいます。さらに、「将来の見えない修繕費に不安」になり、その見えない部分にエネルギーを取られてしまいます。

建物共用部が汚い物件は、清掃体制を整えてクリーンな状態にすればいい、室内の汚れが酷い場合、原状復帰工事を綺麗に実施しよう、そのような考えに向かうことはありません。

見える部分にフォーカスする

「できる大家」は、現在の土地・建物の見える部分にフォーカスしていきます。改善、修繕が必要なことを洗い出して、自分が解決できそうか、前向きに検討していきます。感情で「できそうだ、いけるかな」という判断もしません。改善、修繕に必要な費用を洗い出して、自分の計画する再生事業として数字があうのか、検討していきます。

何でも再生すればいいということではなく、「人・物・金」から、自分の限られた資金・時間・リソース、協力してくれる人の時間・リソースを勘案して、チームで解決できるか冷静に判断していきます。

吹けば飛ぶような個人投資家が生き残り、大きな収益をあげるためには、どこをどの程度再生させるかが重要になるということです。

その条件内で絶妙に料理していくテクニックがあるから、周囲から「できる大家」と言われるのでしょう。

我々個人投資家は
制限のなかで成功するしか
ありません
見えない部分を極端に
怖がってはいけません

33

▼この投資が成功したかどうかを

〈おしい大家〉は、収益だけで判断する
〈できる大家〉は、売却後に総合的に判断する

「できる大家」は、所有物件を売却した際、はじめて最終の利益が確定することを知っています。そのため所有物件を売却するまで、この物件の事業プロジェクトが「成功か失敗なのか分からない」と考えています。その収益額がプラスなら「成功」、マイナスなら「失敗」です。

収益額の内訳として、インカムゲインの金額は、入居者から支持された物件ということで、入居者を笑顔にした数だと解釈します。

キャピタルゲインに関しては、購入側と売却側は利益相反であることも理解しています。「三方良し」取引の形態は理想ですが、購入側が高く購入すれば、売却側は儲かり、購入側が安く購入すれば、売却側の儲けは少なくなります。そのバランスを見て、売却金額の

着地点をうまく設定していくのが「できる大家」です。

「おしい大家」は、売却する際、収益額のプラスが大きいほど「成功」であると考えます。

適正な価格で市場に売却をかけるのではなく、自分が得たい金額ベースに売却額を決めていきます。隠れた瑕疵《かし》については、隠すことに必死になり、いかに見栄えを良くして、購入者に気に入ってもらい、高値で購入してもらうか、必死に考えます。

インカムゲインに関しては、入居者からこんな家賃を取れたのか「しめしめ」と考えます。自分さえよければいい、という根本的な考えから、すべての行動が起こされており、周囲からすると絶対にお付き合いしたくない「おしい大家」になってしまいます。

「できる大家」は、入居者を幸せにして、周囲を幸せにすることで、自分も幸せであると実感します。売却してきっちり自分の利益を確定していく一方で、その不動産を再生した足跡を残していきます。人々の心に残る不動産、建物を再生して、街に彩りをもたらしていくことになるのです。

そしてその街の彩りが、さらに多くの
笑顔を生んでいくのです。

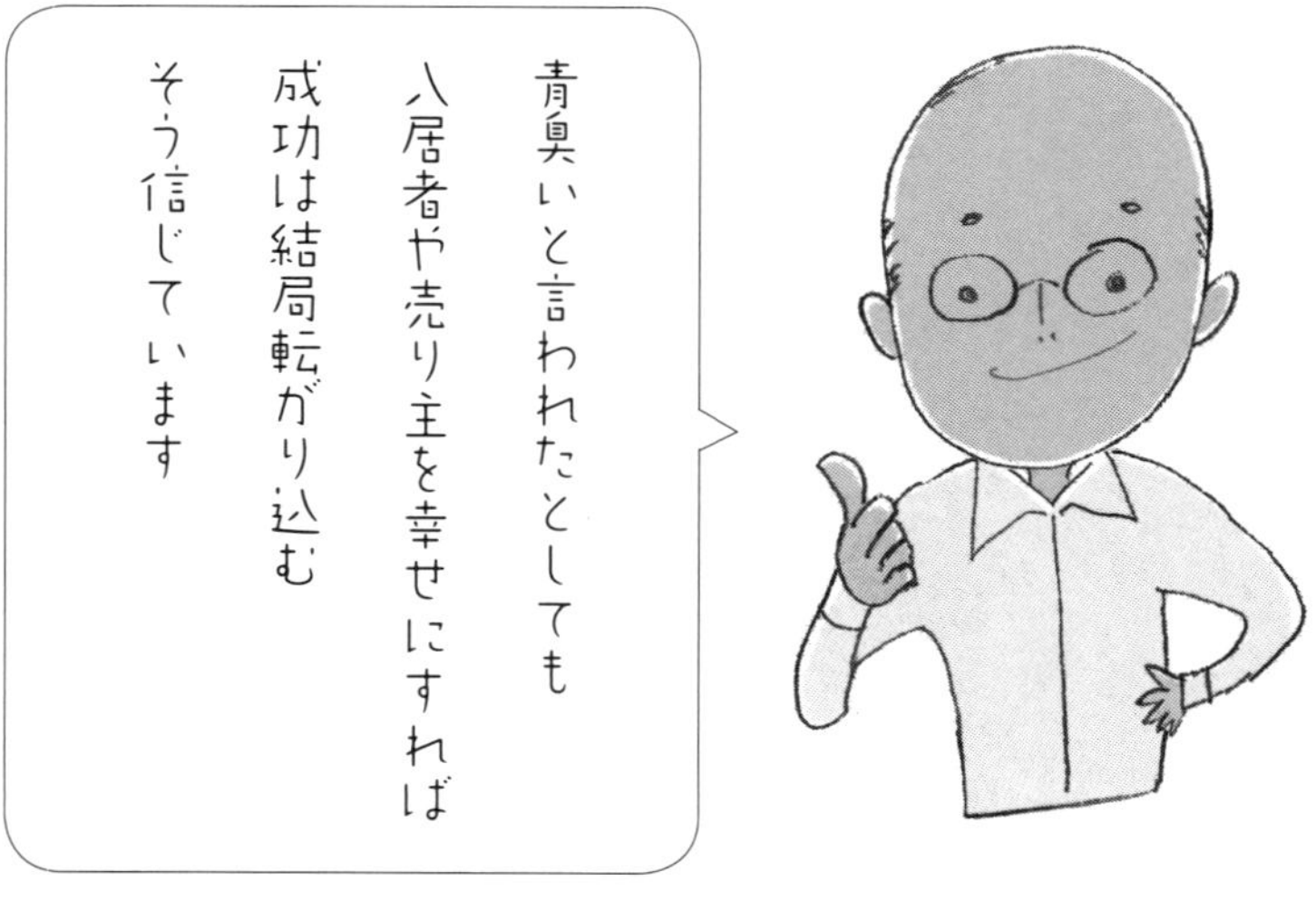
青臭いと言われたとしても
入居者や売り主を幸せにすれば
成功は結局転がり込む
そう信じています

34

▼出口について

〈おしい大家〉は、困ったときにはじめて探す
〈できる大家〉は、いつでも用意している

「できる大家」は、いつでも「出口」を用意しています。物件購入時の「入口」で、市場価格より努力して大幅に安く仕入れているため、いつでも購入価格より高値での売却ができます。また。将来に渡り持ちきっていき、次世代の後継者に、優良資産として引き継いでいくこともできます。

「おしい大家」は、いつでも売却できない物件、「塩漬け」物件を所有しています。残債以上での売却がいつでもできる物件ではなく、返済を10年、20年と進めていき残債を減らしてからでないと、市場で売却することが難しいのです。これは「入口」の段階で、高値購入してしまったことが原因です。

さらに、元々需要が少ないエリアに物件を取得してしまったため、空室率が下がってい

っているので、将来持ちきっていくという選択もできません。

最悪、「自己破産」もしくは「任意売却」となります。最悪のケースでは、後継者に不良資産として引き継ぎ、次世代まで迷惑をかけて亡くなっていきます。

「できる大家」は、市場価格より大幅に安く仕入れることに、最大限の努力を払います。ここが、最重要ポイントだと理解しています。「この物件なら再生できる」と思える物件を市場価格より割安で仕入れ、バリューアップして、「出口」がいつでも用意された状況を作り出します。

「できる大家」が増えて、土地・建物の再生、街の再生、街の再整備に協力して、入居者の幸せに一役買っていくことを願います。

column ②

再生物件購入に「特殊ルート」はあるのか？

2つの「特殊ルート」

私は「特殊ルート」には2種類あると思います。ひとつは、①一般市場で大きく公開されていないが、取引のある不動産投資家や周辺の知り合いに内々に出回るルート、もうひとつは②一般市場には決して出てこないルートです。

①のケース

こちらは、地場の不動産屋が、地元の地主・有力経営者・大家から預かって、不動産を内密で売却したいというケースがよくあります。たとえば、現金を作り出さないと相続税が払えない状況の方は、なるべく周囲に知られないように不動産を売却していきたいと考えるものです。その場合、昔から繋がりのある地元の不動産仲介会社などにこっそり依頼することが多いのです。

他にも分かりやすい事例としては、結婚を機会に2人で購入したファミリーマンションを離婚により、手放したい場合です。

売主の元夫婦は、「相手の顔を二度と見たくない」「同じ空間で同じ空気を吸いたくない」と言い放つ一方で、周囲に離婚を知られず、部屋を売却したいという意向でした。女性は、お金の問題でなく「さっさと売却したい」「一刻も早く処分をしたい」という感情に支配されているようでした。

このようなケースですと、市場価格の半額でも売却ということが起きます。即断即決、時間が優先するケースです。

②のケース

さて②のケース「一般市場には決して出てこないルート」のほうにこそ、読者の皆さんは興味があると思います。結論からいうと②もあります。私も②のケースで購入したことがあります。

再生物件は、全空物件もしくは、空室率が高い物件であることから、一般の不動産投資家へ紹介しても、購入検討する人は皆無です。つまり再生物件は、私のような不動産再生事業家か、不動産業者へ直で紹介される形になります。

これこそ本当の「特殊ルート」物件です。このような物件情報を入手できた際、不動産仲介会社と連携して、物件をグリップして、融資を確実に得ていくことが求められます。

ただし、このような「特殊ルート」物件は存在していても、実際に物件購入までたどり着くことは、非常に少ないことも付け加えておきます。

結論④

1 「首都圏の物件」なら稼働率90％以上を確保、「地方の物件」なら稼働率80％以上を確保すること。

2 均一なリフォーム・リノベーションはしないこと。部屋ごとに個性を持たせることが大切。

3 ホームステージングを行う場合、100円ショップなどで家具を揃えるくらいなら行わないほうがマシ。家具はできるなら自分たちで用意したほうが入居者のニーズに対応できることが多い。

4 首都圏で、シングル物件であれば4〜8万円前後、ファミリー物件であれば5〜10万円前後が家賃価格帯のボリュームゾーン物件と思われる。この場合、過度なリフォーム・リノベーションであるより、原状復帰工事＋おシャレなリフォーム・リノベーションで、このボリュームゾーンから外れることがないように家賃調整をする。

第5章

自己資金編

激安自宅を購入してお金が貯まる仕組みを作る

35

▼自宅を購入するとき

〈おしい大家〉は、年収の5～8倍の家を買う
〈できる大家〉は、年収の1～2倍の家を買う

「できる大家」は、自分自身のキャリアアップにより収入アップを図りながら、固定費削減に注目します。家賃を支払うのではなく、家賃をもらう側に移行するため、なるべく安く自宅探しをします。年収の1倍～2倍の家を購入して、毎月の住宅ローン支払い額を徹底的に低く抑えながら、満足度の高い暮らしを実現できるかを突き詰めていきます。年収1倍～2倍の家は、難しいと思われるかもしれませんが、私は多くの不動産投資家の方、友人、後輩の相談を受けています。

あるケースでは、自宅の購入を実現すべく、300万円前後の価格で、郊外の区分マンションを探して購入のサポートをしました。別のケースでは、23区都心の区分マンションを1000万円前後の価格で、一緒に探して、見つけ、購入のサポートをしたこともあります。真剣に探せば、出物《でもの》はあると思います。

私の弟は、小田急線沿線・郊外ですが、2DKの間取りの区分マンション、290万円で購入しました。小田急線沿線、最寄り駅から新宿までは、乗り換えで約45分で到着する距離です。そんな不便を感じる立地ではありません。20年の住宅ローンを組むと、月々約1・5万円位、35年ローンを組むと約1万円位の支払いです。

家賃1万円では、さすがに住むところを見つけるのは困難ですが、購入することで住宅ローン1万円が実現できるのです。これなら、家賃の負担額を大幅に抑えられて、自己資金を貯めていくことができるのではないでしょうか。余談ですが、テレビ東京系の「ワールドビジネスサテライト」から「郊外の区分マンション、自宅が激安で買える」というような特集で、私の弟は取材を受けて放映されました。

自分でリノベーションも考える

もう一つの方法として、一軒家やマンションを室内がボロボロの状態で安く購入して、自分自身でリノベーション、リフォームをして、相場より相当安く自宅を購入する方法も有効です。不動産賃貸業、不動産再生事業のスキル取得にも繋がり、一挙両得になります。

自宅を相場より相当安く購入することができれば、引越しすることも可能です。むしろ引越しをするごとに、売却して利益を得られます。自分が激安で住むことができて、住んだ後に売却時お金が大幅に戻り、住んでいるのにお金までもらえてしまうことが、工夫次第ですが実現できてしまいます。

「おしい大家」は、自分自身の年収に応じて、住宅メーカーや不動産会社からの提案通り、ピカピカの物件を購入することを考えています。年収の5~8倍で目一杯の住宅ローンを組んで自宅を購入します。毎月の給与でギリギリの住宅ローン支払いでは、自己資金を貯めることは非常に困難となり、「おしい大家」が「できる大家」に昇格することが難しくなっていきます。

36

▼物件購入の練習を

〈おしい大家〉は、一棟目に求める
〈できる大家〉は、自宅購入に求める

「できる大家」は、自宅は安く購入する練習として考えています。不動産賃貸業、不動産再生事業の物件購入も「物件を安く仕入れる」という意味では同じ土俵です。自宅は、住宅ローンを使用できる事により、安く物件を仕入れなくても購入できてしまいます。住宅ローン審査は、属性審査が中心となり、年収の5倍~8倍位まで借り入れができる可能性があり、物件自体が割安か、割高であるのかは、住宅ローン審査にはあまり関係ありません。

年収の1倍~2倍の家を購入して、賃貸費用よりも割安に住みながら、資産形成を進めていきます。転勤や、結婚等のライフスタイルの変化により、売却する際も、割安に住宅を購入しているため、売却時には購入時より高い価格での売却も可能となります。結果的に、キャピタルゲインを得てしまいます。何年か無料で住んで、売却時にお小遣いをもらってしまうシステムということを理解できています。

金融機関から評価を受ける

「おしい大家」は、自宅を賃貸で借りることが当たり前であると決めつけています。転勤や、結婚等のライフスタイルの変化があるため、賃貸の方がフレキシブルに動くこともできるのでメリットを感じています。住宅ローンを組んでしまうと負債が大きく、不動産賃貸業、不動産再生事業で不利だと考えています。

もちろん、住宅ローンを年収の5倍~8倍位まで借り入れ枠いっぱいに使っての住宅購入の場合は、負債が大きく、不動産賃貸業、不動産再生事業で不利になる可能性は高いと考えます。住宅を首都圏であっても割安な価格、1000万円~2000万円位をメドに購入して、住宅ローンを年収の1倍~2倍に抑えたとしたら、転売益を見込める優良な資産を保有していることになります。絶対金額も抑えた自宅購入をしているという堅実な姿勢が、金融機関より評価を受けることにもなります。

賃貸が有利だと感じるのは、会社からの家賃補助等を利用できる場合、賃貸をシステムとして利用するメリットがある場合です。それ以外の人は購入、賃貸を天秤にかけて、どちらか決めつけないでフラットに検討していくことが求められます。

これは、賃貸で家を借りること自体が問題という意味ではありません。より自分に有利なシステムは、購入なのか、賃貸なのか、購入でもどのような購入物件を選ぶのがベストか、賃貸の場合はどのような賃貸物件に住むことがベストか、考えていくことが「できる大家」への第一歩となっていくのではないでしょうか。

「おしい大家」がもし自宅を購入すると判断しても、それは前項のように年収の5倍以上するような建物です。そして物件購入の練習を1棟目で行い失敗するのが常です。

ちなみに女性の場合、自宅を買うと結婚できなくなるという都市伝説を信じている人もいます。資産形成と結婚という問題は、まったく違う次元の話です。女性、男性に関係なく、自立した大人として資産形成は当たり前であるという考え方、理解してもらえることを期待します。自分にとって無意味な都市伝説は採用しないこと、をお奨めします。

37

▼セミナー後の飲み会参加時

〈おしい大家〉は、参加することが目的になっている
〈できる大家〉は、知識を仕入れることを目的とする

「できる大家」は、大家さん候補生の段階から、セミナー、懇親会へ参加して、すでに成功している大家から多くの知識、経験を自分にいかすことに尽力しています。

どのように成功大家が考えるのか、行動しているのかを注意深く観察して、自分の行動に取り入れていきます。成功大家の行動をコピーすることにより、自分自身も成功できると考えています。決して、ノウハウを入手して、自分の行動に役立てようとは考えていません。

「おしい大家」は、大家候補生の段階では、セミナー、懇親会への参加は、人脈をつくる場であると考えています。セミナー、懇親会へ参加して、成功者から人脈を紹介してもらおうと躍起になります。いい物件を紹介してくれる業者、いい融資条件を提示してくれ

る金融機関担当者、いい管理会社、いいリノベーション・リフォーム会社、何でも無料で紹介してくれる前提で、情報を「クレクレ」と振る舞います。周囲から、「クレクレ星人」と揶揄されます。

さらに、悪いパターンでは、懇親会、飲み会に参加することが目的となり、人脈をつくるということを体裁に、うまくいっていないこと、傷を舐《な》め合う仲間との会話に終始することで安心します。

うまくいっていない人を見て安心するのではなく、うまくいっている人の行動を真似ていかなくてはいけません。

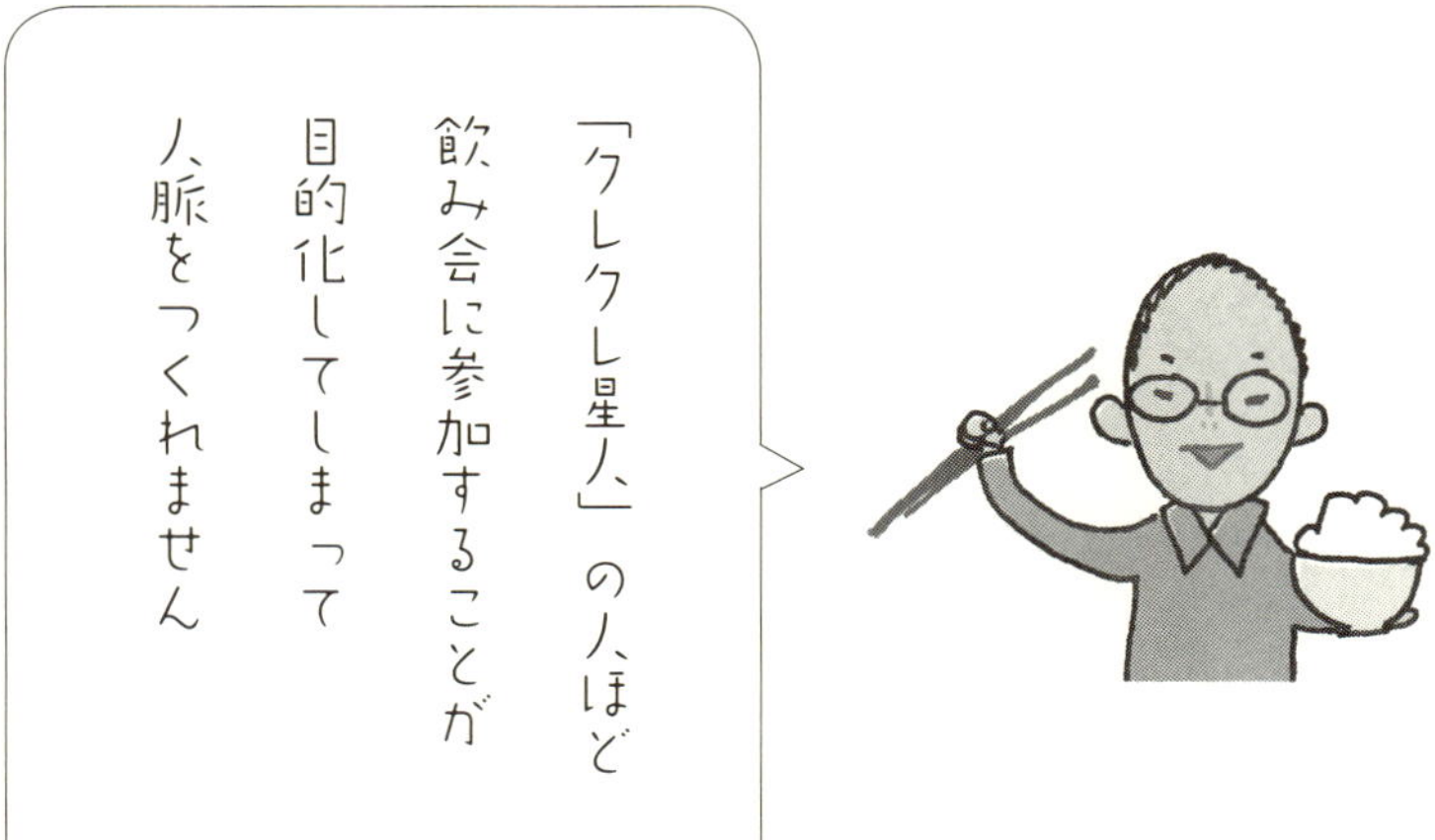
「クレクレ星人」の人ほど
飲み会に参加することが
目的化してしまって
人脈をつくれません

38

▼貯金するとき

〈おしい大家〉は、貯める仕組みだけ構築する
〈できる大家〉は、貯める仕組みに「ど根性」をプラスする

「できる大家」は、ビジネスマンであれば、自分の年収をあげることを考えて行動します。自分のキャリアを磨き、年収アップを勝ち取る努力を続けます。事業主であれば、既存事業を延ばして、いかに売上げ、利益をアップできるのかを必死に考えて、行動していきます。既存事業以外の、新規事業について検討する場合、既存事業との相乗効果が見込める事業がないのか絶えず考えています。

経費部分で考えますと、住居費の固定費を下げる努力もしながら、お金を貯める部分にも目を向けます。貯蓄の「仕組み」を作りあげていくのです。人間、「仕組み」だけでは限界もあり、貯蓄に対するモチベーションを維持すること、貯蓄していくことを自分に約束します。給料が出たら、必ず毎月貯金する額は絶対に守り、毎月積み立てていきます。不動産賃貸業、不動産再生事業を始める前に、事業資金の準備が必要だということを理解

しています。自分で事業を始めたい、そう考えているなら、どうしても「資金」が必要になってきます。

最後はメンタル

私の個人的な考えですが、最後は、メンタル、気持ちも重要になり、勝負事でいうと、「勝ち」にこだわっていくことでいい結果が出ると感じます。多くの投資家と話をする機会もありますが、ビジネスを起こす「種銭」、事業資金を貯蓄していくこと、ここが本当に難しいということも感じます。基礎体力がないアスリートが、試合、実戦で勝つことはありえない、ということは誰でも分かっていることですが、「投資」になると、お金がなくてもビジネスや投資で稼げる、簡単に儲けることができる方法があるのではないか、と思ってしまうところが不思議なところです。

私も、貯蓄は好きな領域ではありません。非常に地味な作業の積み重ねであり、ワクワクするものでもないからです。好きではなくても、自分の進みたい方向に必要なことであれば、自分自身に有無を言わせないで実行しているだけ、習慣にしているだけです。この習慣化することができるのか、最初の一歩が大変なのかもしれません。もちろん、「根性」

だけでは続きませんし、「仕組化」「習慣化」というところまでいくと、そんなに苦痛を感じないで、事業資金を貯蓄していくことができると思います。ぜひ、自分なりのやり方で工夫をして、将来の夢の種、事業資金を貯蓄していくことにチャレンジしてみて下さい。

「おしい大家」は、自分の年収をあげることを疎かにしています。それどころか経費部分では、住居費の固定費を下げる努力もしないで、お金を貯める人間をバカにします。毎月、入った給料から定額を積み立てていく「仕組み」を導入することもためらいます。安易に、飲み会をはしごしたり、買い物をしたり、娯楽費に投入していきます。さらに夜の街にはまり、お金が入っただけ使ってしまう、貢いでしまうところまでいくと「まずい大家」に転落していきます。気をつけたいものです。

できる大家は、「仕組み化＋ど根性」で狙っている物件価格の30％まで資本金（頭金10％、諸経費7～8％、余裕資金2～3％、再生費10％）を貯め、次のステージに早々と移っていきます。

column ③

再生物件が不調なら「破綻」はあるのか？

不動産融資で有名な某金融機関が発表した2016年の公開資料において、マンション経営で失敗・破綻した割合はわずか0・2％前後です。これは債務の総額に対しての比率であり、件数ベースにおいては、さらにその割合が少ないことが予想できます。そのうえで話を聞いてほしいのですが、破産には3つのパターンがあります。

①市場価格より高い価格で物件を購入

市場価格より高い価格で、利回りが低く、イールドギャップがあまり取れない物件を購入してしまった場合です。このパターンは返済比率50％以下、イールドギャップ6％以上、入居率90％以上であるよう意識すれば、ほとんど防止できるでしょう。つまり入口で、購入する物件と融資条件を間違えないことが防止策になります。

②市場価格で物件は購入できたが、短期の返済年数で融資

もしくは、複数のローンを併用する形で融資を組んでしまい、返済比率が高くなってしまったパターンです。このパターンは返済比率が高い状況のため、入居率が低下すると破綻してしまいます。これも返済比率50％以下で、融資を組み合わせるようにすれば、ほとんど防止できるでしょう。気をつけるべきことは、短期の融資期間を組まず、無理のない返済計画を立てることです。

③市場価格で物件は購入できたが、入居率が低迷

建物は平凡な造り、室内は極小でお風呂・トイレ・洗面所が一緒の3点ユニット、そのような物件を、中古もしくは新築木造アパートで、人気エリアに購入すると、このパターンに陥ります。つまり、競争力のない物件を競争の激しいエリアで購入してしまったときです。

競争に打ち勝つ家賃設定、戦闘力が弱い建物を努力と工夫で入居率を増やすこと

でインカムを確保、残債抹消→売却という流れが一番スマートでしょう。

3つのポイント

本書で書かれている再生物件手法は、市場価格よりも安価に物件を仕入れることが前提となっています。そのため万が一、自分の大家力が弱く入居率が低迷して入居促進が進まなくても、売却する選択肢が残されています。再生物件として出口を確保し、「破綻」リスクを回避できるシステムを構築しています。

いずれにしろ「ここに住みたいと感じてもらえる物件」「適正な融資」「高入居率の維持」を実現できれば、「破綻」リスクを回避できます。不動産賃貸業は、シンプルであり、「入居者に選ばれる立地、物件」「現金もしくは、融資を組み合わせて物件を適正に運営する」「今後かかる修繕費用、経費を見通して、健全な経営をして、満室経営に努める」この3つのポイントを抑えていけば、非常に堅いビジネスだと思います。

結論⑤

1 「自己資金は狙っている物件価格の30％まで貯まったらOK。物件選定（1章）に進む。

2 30％の内訳は、頭金10％、諸経費7～8％、余裕資金2～3％、再生費10％。

3 貯めるためのキーは、給料の1～2倍の激安自宅の購入。

4 一軒家やマンションを室内がボロボロの状態で安く購入して、自分でリノベーション・リフォームをして、相場より相当安く自宅を購入する方法も有効。

5 より自分に有利なのは購入か、賃貸か、購入でもどのような購入物件を選ぶのがベストか、賃貸でもどのような賃貸物件に住むことがベストかを考えていく。

第6章

家族協力編

家族の理解なくして大家の成功はない

39

▼家族をまとめるとき

〈おしい大家〉は、自分の稼ぎにたよる
〈できる大家〉は、みんなの協力に求める

「できる大家」は、不動産賃貸業、不動産再生事業を自分ですべてできるとは考えていません。家族に協力してもらい、家族一緒に幸せになる道を選択していきます。家族が一致団結して、事業にも邁進《まいしん》していきます。

妻が、旦那を支えて、旦那が妻を支えて、親、兄弟、子供、皆で支え合い、事業が苦しい場面でも突破口を見つけていきます。どんなに苦しい局面であっても、その苦しい局面が続くことはないと分かっています。家族や周囲のサポートがあれば、どんな難局でも乗り切っていけると信じています。不動産賃貸業、不動産再生事業で成功したら、皆で果実を分け合い、皆で旅行や食事をして、日々の活動、努力を労《ねぎら》います。

自分の力と勘違い

ています。

「おしい大家」は、不動産賃貸業、不動産再生事業を自分の実力で成功していると考えています。

妻、旦那には、金融機関に融資をしてもらう際の連帯保証をしてもらうだけでいいと考えています。妻、旦那に、相手に契約書類の連帯保証欄に名前を書いて、署名だけして欲しいと考えています。自分が稼ぐことにより、家族を幸せにしていると勘違いしています。家族を養っているのは自分だと考えており、日々支えてくれている周囲の人への感謝は忘れてしまいます。

いざ老後にパートナーと一緒に楽しもうと考えた時には、「さようなら」の一言にショックを受けます。そこまでいかないと、自分の愚かさにきづかない「おしい大家」、恐るべき状態です。

40

▼ビジネスがうまくいくのを

〈おしい大家〉は、自分の能力のおかげだと思う
〈できる大家〉は、家族のおかげだと感じられる

「できる大家」は、家族や周囲の人に支えられて生きている、ビジネスができていることを理解しています。家族があって、自分の存在価値があることをよく分かっています。一人では、日常生活もビジネスも味気ないものであり、一緒に進んでいくパートナーや協力者の存在が、自分の可能性を拡げてくれ、延ばしてくれることを理解しています。

「おしい大家」は、家族や周囲の人に支えられて生きている感覚はありません。自分あっての家族と勘違いしています。自分の稼ぎにより、家族を養っている大黒柱としての自負があります。

たとえ、態度には見せなくても、自分が家族を支えていることが心の根底にあります。どうしても自分あっての家族であるため、家族のメンバーも居心地が悪くなっていきます。

不動産仲介者、不動産管理会社、リノベーション・リフォーム会社、清掃会社、事業を手助けしてくれる業者にも、自分が仕事を発注している、という意識が強くなってしまいます。

自分の都合で、事業の協力会社に作業内容、費用、スケジュールを伝え、自分の思ったとおりに動かないとイライラします。事業の協力会社と相談しながら、事業を進めるスタンスではないため、ゆっくりと協力会社が離れていくことになります。

自分が家族を支えている
そういう意識だと
家族メンバーの居心地は
悪くなる一方です

41

▼家族の協力を得るために

〈おしい大家〉は、まず説得をする
〈できる大家〉は、まず自分が人一倍努力する

「できる大家」は、不動産賃貸業、不動産再生事業を真剣に取り組みたい意志を行動で示していきます。サラリーマンの仕事、個人事業の仕事から戻って疲れていても、毎日物件検索、業者への問い合わせ、業者との面談、物件の現地調査、忙しくても手を抜かないで、黙々と行動していきます。

不動産賃貸業、不動産再生事業に取り組みたい意志の強さが、行動に表れます。人より、毎日物件検索をして、業者への問い合わせ、業者との面談を積み重ね、多くの物件の現地調査を実施して、買付を入れ、融資付けも自ら行動して、金融機関も開拓していきます。結果、家族はそこまで真剣に行動している様子に心を打たれ、協力を惜しまないようになります。

現状に満足する

「おしい大家」は、現在の自分に満足しています。「投資に挑戦している自分」にすでに満足しているため、行動量が減り、諦めが早くなってしまいます。自分の経験値をあげることや、自己の成長に焦点があるのではなく、不労所得、お金に焦点が当たっているケースが多いのです。本人が真剣に事業に取り組もうという意志がないため、当然、家族も真剣に「おしい大家」の不動産賃貸業、不動産再生事業をサポートしようという行動にはなりません。

「おしい大家」は、家族の協力を得られないから、どうやって説得しようかと日々考えています。周囲は、「おしい大家」が、自分の行動を変えたら、家族が喜んで協力してくれるだろうに、と冷ややかに見ています。

42

▼物件見学に行くとき

〈おしい大家〉は、家族に話だけする
〈できる大家〉は、家族を伴う

「できる大家」は、不動産賃貸業、不動産再生事業を家族、周囲の人と一緒に楽しみながら、厳しい事業に向かっていく意識です。

たまには、物件を家族と一緒に見に行って、楽しみながら一緒に行動します。行く途中や帰路、おいしい食事をして、温泉に入って疲れを癒《いや》す、人生を楽しみながら家族や周囲の人と事業を進めていきます。旅行を兼ねて、全国各地の物件見学に行けること、単なる遊び、レジャーで行った時とは違い、事業へ向かうチームの一体感も出ます。自ずと、家族や周囲の人が、「できる大家」のチームとして協力的になっていきます。

「おしい大家」は、不動産賃貸業、不動産再生事業を家族、周囲の人へお金のシミュレーションで家族と会話を進めていきます。

家族と一緒に、物件を見て楽しむ発想はありません。効率重視で、自分で物件を見て、儲かるか、儲からないかだけで判断して、事業を進めていきます。家族と旅行を兼ねて物件を見に行く時間がもったいない、と考えています。

体験を重視する「できる大家」と、物とお金を重視する「おしい大家」、家族、周囲の人との人間関係にも差がついていきます。

不動産経営に
家族の協力は不可欠です
家族と一緒に楽しむ余裕を
ようにしましょう

43

▼配偶者との物件見学時

〈おしい大家〉は、購入予定物件だけ見る
〈できる大家〉は、購入予定物件より大きい物件も見る

「できる大家」は、購入予定物件のターゲットを決めたら、パートナーには、購入を予定している物件だけでなく、さらに大きな物件も一緒に見てもらいます。購入予定物件より大きな物件を見たとき、パートナーの頭のなかには驚きと不安が交錯するでしょう。

「できる大家」は、パートナーに「いつかはこれくらいの大きな物件も購入していきたいこと」を伝えます。その後、購入予定物件のターゲットを決めた物件を一緒に見ます。相当大きな物件と比較して、購入を検討している物件は、さぞ小さく見えて、気持ちも楽になるでしょう。大きい物件を見た後、小さい物件を見ることで、パートナーが安心できるだろうという心遣《づか》いがあります。

「おしい大家」は、金融機関から連帯保証を求められると、購入予定物件だけを見ても

らい、何とか連帯保証人になるように説得します。その購入予定物件がいかに優れているか、を必死にアピールします。

何とか、連帯保証人欄に署名・捺印してもらうことに意識が集中してしまいます。その態度にパートナーが興ざめしてしまうことを理解して欲しいものです。

連帯保証人を懇願してくる
配偶者の姿を見て
相手に興ざめされている
投資家は多くいます

column ④

1棟目に半分空き物件を買って大丈夫か？

「一棟目に半分空室の一棟物件を買って大丈夫か？」

これはよく私がセミナーなどで聞かれるセリフです。まあ、一棟目に半分空室の一棟中古マンションを買うのはかなり珍しいでしょう。一方、一棟目に新築アパートを建築することはよくあります。

「新築だから入居は心配ありません」というのが、仲介会社・販売会社の謳《うた》い文句です。しかし、新築だからと盲目的に購入することは大変危険です。

たとえば、室内が極狭で、差別化しにくいアパートを供給過多エリアに建てた場合を考えましょう。この場合、広告費を積んだり、家具家電付きにしたり工夫をしないと、満室が難しいケースも散見します。結局、「家賃以上の魅力ある居住空間を提供できるか」が勝負のポイントなので「半分空室の中古だから危険」「新築だから安全」と単純にはいえません。

「空室の理由」を考える

中古の半分空室物件について重要なことは、空室の理由を推測することです。オーナーが悪いのか、立地が悪いのか、エリアに需要がないのか、さまざまな視点から推測します。もし「エリアに需要はあるのに、オーナーの運営が悪く、人気がない物件」であったらこれはチャンスです。相場より安値で購入して、運営さえ改善できれば、満室になる可能性は高いのです。

しかし、中古の半分空室物件を購入する場合、注意点は理解しておくといいでしょう。特にカギを握るのは修繕費です。修繕費がどれくらいかかるのか、想定利回りから、今後の修繕計画、税金、経費を想定します。

大家の力量が問われるところですが、入居者に選ばれる物件であり、常時満室運営できて、経費も想定内で推移すれば、思った通りの投資対効果、リターンを得ることができます。人とは違う側面から物事を捉えて、不動産再生事業にチャレンジしていける「できる大家」が増えることを願っています。

結論⑥

1 家族の協力なくして不動産経営は難しいことを知る。

2 自分が家族を支えていると思っている投資家は、自分の立ち位置を見直すことが大切。

3 配偶者を説得するというより、配偶者を楽しませながら巻き込んでいくことが大切。

4 金融機関から連帯保証を求められたとき、パートナーに購入予定物件だけを見せて、連帯保証人になるように説得することはＮＧ。必死に説得しようとすればするほど、パートナーとの関係が冷えていきます。

第7章

マインド編

実際ノウハウだけで成功することは難しい

44

▼誰かに指示をするとき

〈おしい大家〉は、漠然と丸投げする
〈できる大家〉は、具体的かつ優先順位も明確

「できる大家」は、物件資料を業者から取り寄せる際、自分の欲しい物件の物件概要は具体的ではっきりとした内容を明示します。

立地・エリアは、「この辺り」、建物の造りは「RC造、もしくはSRC造」、築年数は「25年以内」、利回りは「9％以上」、等の具体的な指標を提示します。

さらに、優先順位もはっきりしており、若干立地は悪くなっても、利回りは妥協しないのか、立地は妥協しないけれど、利回りは若干悪くなっても検討する等、自分の軸がはっきりとしているため、連絡内容も具体的であり、優先順位がはっきりしています。「できる大家」は、購入するのか、購入しないのか、すぐに結論を出すため、業者に喜ばれます。

「おしい大家」は、物件資料を取り寄せる際、「いい物件下さい」「いい物件であれば、資料すべて下さい」と何でも丸投げとなります。

いい物件が見つかった場合も、融資付けも業者に丸投げ、金融機関とのやり取りもすべて丸投げ、必要書類の入手すら、業者に丸投げ、というスタンスです。何か、事業というものを勘違いしているのかもしれません。

エリア・造り・築年数・利回り
物件資料を請求するときは
最低限それくらいの指標を
相手に伝えるのは常識です

45

▼アクションの初動を

〈おしい大家〉は、**管理会社に求める**
〈できる大家〉は、**自分に求める**

「できる大家」は、所有物件でトラブルが起きた場合、自分から状況把握に努めます。トラブル発生の場合、入居者優先であり、突発的な費用も積極的に支払います。再発防止にも力を注ぎ、追加対応すべきことがあれば、体制の再構築、設備増強も検討して、改善していきます。

管理会社に丸投げ

「おしい大家」は、所有物件でトラブルが起きた場合、すべて管理会社に丸投げします。トラブルは、すべて管理会社が対応することが前提で考えていて、対応が完了したら報告してね、というスタンスです。

しかも、トラブルに関して改善するための追加費用については、ネガティブな反応をします。

なんでそんなにお金がかかるのだ、という反応を管理会社にするため、担当者は苦笑するしかない状況になります。いくら管理会社の担当者が説明しても、費用について一切、首を縦には振りません。「ああ悲しき、管理会社の担当者」という状況になります。

「おしい大家」になり、管理会社から、見切りをつけられないように気をつけていきたいところです。

トラブルを管理会社に
丸投げする大家ほど
トラブル改善の費用を
出し惜しみするのです

46

▼人と接するとき

〈おしい大家〉は、虚勢を張る
〈できる大家〉は、自然に振る舞う

「できる大家」は、どんな時も態度が謙虚です。決して威張りや虚勢はありません。何かを誇示することもしません。特段、何かを誇示しなくても周囲の人は、「できる大家」に一目おいています。「できる大家」の一挙手一投足に、自然と注目が集まります。周囲から見られていることも理解しています。いつも感謝の気持ちを持っていて、自然と態度も謙虚になります。

「おしい大家」は、どんな時も上から目線で発言をして、勘違いしています。周囲の人には、仕事を発注している意識のため、命令口調にもなります。不動産仲介者、不動産管理会社、リノベーション・リフォーム会社、清掃会社、事業を手助けしてくれる事業者へリスペクト、尊敬の念はありません。そのような「おしい大家」の末路は、予想できますが、本人だけは、「できる大家」と勘違いしてそのまま進んでいきます。

47

▼問題解決を行うとき

〈おしい大家〉は、感情的に周りを振り回す
〈できる大家〉は、論理的に周りに協力を求める

「できる大家」は、不動産仲介業者、不動産管理会社、リノベーション・リフォーム会社、清掃会社、事業を手助けしてくれる業者と会話する際、ひとつひとつ話を詰めていきます。論理的に、問題点を整理して、解決策を考えます。解決策については、手助けしてくれる業者と二人三脚で相談して進めます。解決策を実施していく場合も、優先順位も周囲の関係者、業者と相談して決めていきます。家賃と問題解決費用のバランスを取りながら、進めていきます。むやみに費用をかければいいのではないことも理解しています。

感情的なアプローチはNG

「おしい大家」は、不動産仲介者、不動産管理会社、リノベーション・リフォーム会社、清掃会社、事業を手助けしてくれる業者と会話する際、自分が気になっている部分の話を

優先します。論理的に、問題点を整理するのではなく、感情的に問題へアプローチします。毎日、気になる箇所が変わるため、周囲の協力者、業者は「おしい大家」の発言が二転三転することにより、周囲は振り回されてしまいます。「おしい大家」は、論理的に問題点を整理して、解決策の案を考えているわけではないため、明らかに優先順位が低いことであっても自分勝手に周囲の協力者、業者へ指示していきます。次の日には、気になる箇所が変わり、毎日指示内容が変わり、日替わりで言っていることが変わり、周囲は「おしい大家」のいうことに耳を貸さなくなっていきます。

「大家」は、「家賃を落としてでも早く満室稼働させたいのか」それとも「満室稼働が遅れても、売却時の価格を落とさないため、家賃を落とすことはしないでジックリと待って、じわじわ入居率をあげていくのか」目指す方向を示して、言っていることが毎回ぶれないようにすることが重要です。

48

▼トラブルがおきたとき
〈おしい大家〉は、一気に解決しようとする
〈できる大家〉は、順を追って解決しようとする

「できる大家」は、問題発生時、一つひとつ重要な問題から解決していくことを優先します。急ぎであり、かつ重要な問題については、迅速な対応を心掛けます。

不動産仲介業者、不動産管理会社、リノベーション・リフォーム会社、清掃会社、事業を手助けしてくれる業者を総動員して、問題解決に向かうように尽力します。すべての問題を一気に解決するということでなく、一つひとつの問題をきちんと状況把握、状況判断して、自分のやるべき事に集中して対処していきます。

「おしい大家」は、問題発生時、問題という痛みから逃れることが目的となり、一気にすべてを解決したいと考えます。1分でも、1秒でもこの問題の痛みから逃れたい、解放されたい、という意識のため、一気にすべてを解決して欲しいと周囲の業者、関係者へ無

理難題を言い放ちます。初めは協力してくれた周囲の業者、関係者も「おしい大家」の言動に絶えられなくなり、徐々にフェードアウトしていきます。

周囲の業者、関係者は、「ベストは尽くしましたが、弊社での対応は難しく申し訳ありません」と言い、去っていくことになります。周囲の業者、関係者がフェードアウトされていることに気づかない、「おしい大家」とならないよう気をつけましょう。

あれ？ 気づいたら
周りに協力者が誰もいない…
そうならないよう
普段の言動に気をつけましょう

49

▼コントロール範囲を
〈おしい大家〉は、他人まで広げる
〈できる大家〉は、自分の内におさめる

「できる大家」は、自分がやるべき事、やりたい事を見つけ、自分のコントロールできることだけに集中します。

不動産賃貸業、不動産再生事業は、いい物件が見つからない時期もありますし、融資が通らないこともあります。金融機関から、自己資金が少ないから、属性が合わないため、この物件に融資は「できません」と言われることも多々あります。

その際、「できる大家」は、自己資金を増やしていくプランを考えて実行し、属性を徐々に金融機関が求めるレベルにあげていくキャリアアップのプランを策定して、実行していきます。「できないこと」に意識を集中するのではなく、「自分のやれる事」「やるべき事」に集中して、淡々と実行していくメンタルコントロール力があります。

「おしい大家」は、自分がやるべき事より、他人の噂話や足を引っ張り、相対的に自分のポジションをあげることばかり考えています。

金融機関から、自己資金が少ないから、属性が合わないため、この物件に融資は「できません」と言われると、あの金融機関は高飛車だ、不平不満を口にして、諦めてしまいます。このようなタイプの「おしい大家」は、自分の自己資金、業者から紹介された金融機関のみに打診をしているケースが多々あります。自分の属性に合う金融機関を自分で開拓するマインドはありません。

最終的には、自分だけでなく、あの投資家も融資が「出なかった」と安心して、融資を得た投資家には、「たまたま属性が良かっただけでないか」と言い放ちます。他の投資家の動向も気になり、他人の噂話に時間を費やします。このようなタイプの投資家に、懇親会で出会ってしまった場合、一定の距離でお付き合いをすることをお奨めします。

50

▼お金を集めるために
〈おしい大家〉は、効率を大切にする
〈できる大家〉は、義理人情を大切にする

「できる大家」は、お世話になった人を大切にして、恩を受けたら必ず恩で返す事を徹底しています。

人と人との縁を大切にして、周囲の人と一緒に幸せになることを考えています。不動産賃貸業、不動産再生事業の協力業者皆さんに協力してもらい、事業が成り立っていることを理解しています。入居者に快適な住環境を提供することにより、家賃をいただく感覚です。

「おしい大家」は、儲け、利益が第一であり、人間関係より「お金」「効率」が重要です。不動産投資物件についても、いい情報を持ってくる業者、いい条件で貸してくれる金融機関の情報、自分に特別の物件を持ってきてくれることを期待しています。「効率」良

く、物件情報が入手できて、「効率」良く、融資が付いて、「効率」良く、購入できて、「効率」良く、入居者がついて、「効率」良く、お金が入ってくることに重点をおいて考えます。

「効率」ばかりを考えて行動する人からは、周囲の協力者は徐々に離れていくことになり、事業が円滑に運営できない状態になっていきます。結果的に、お金が離れていくことになり、苦境に陥ってしまう傾向があります。

家賃は入るものではなく
いただくものです
人間関係がうまくいっていれば
結果はあとからついてきます

51

▼不動産投資を

〈おしい大家〉は、投資家目線で行う
〈できる大家〉は、入居者目線で行う

「できる大家」は、不動産賃貸業、不動産再生事業は、入居者が喜ぶ住空間提供サービスと考えています。

家賃より、価値ある住空間を提供して、清掃が行き届いた清潔な空間を提供するサービスと考えています。入居者に満足してもらうことにより、長期入居に繋げ、安定的な収益を得るモデルを構築します。「できる大家」は、入居者が大家とコミュニケーションを取りたい場合、大家はその要望にそって、入居者が望む距離感でコミュニケーションを取ります。

入居者が大家とコミュニケーションを取りたくない場合、管理会社にすべてを任せ、大家から声を掛けることを控えます。入居者の要望は千差万別ですが、入居者の要望に応えられるように努力を続けます。家賃との兼ね合いもあり、設備を増強して欲しい要望、費用がかかる部分については費用対効果を考え、入居者要望と個別に折り合いをつけていきます。

私も入居者とは、初心者の頃は会話をすべきなのか、会話をしないほうがいいのか、悩むケースも多々ありました。現在は、声をかけられたときは話をするようにして、入居者との距離感を探っていきます。

私の場合、任意売却で物件を取得して、自分が清掃しているとき話しかけられることが多かったです。そして大体、定期清掃のリクエストを受けました。そこから、入居者の方でも大家と会話したい方もいることも理解できました。

入居者で仲良しになった方は、一人で住まわれている年配の方ですと、家にあがってお茶をしないか、とお誘いも受けます。私は、入居者からのお誘いは、なるべく受けるようにしています。家にあがらせてもらうと、一人暮らしの方はお茶をだしてくれたり、お茶菓子を振る舞ってくれたり、非常に親切な方が多いです。一人で寂しかった方は、大家と会話をすることだけで本当に喜んでくれることも多々ありました。私は、入居者の方と仲良くなって、さくらの花見をすることもありました。

距離を置きたい人とは距離を置く

もちろん、大家とは話をしたくないし、生活に関わってもらいたくない入居者の方もいます。そのような方には、管理会社経由で問題があった時に連絡をもらえればいいので、積極的に関与することはしません。でもそれは「入居者と話しをしても儲からないから」という意味ではありません。

「おしい大家」は、入居者のことはどうでもよく、「いくら儲かるのか」ばかり考えています。特別購入ルート物件購入、経費削減、節税、消費税還付、小手先のテクニックに重きをおいています。入居者の満足度向上について関心はなく、安く物件が買えて、安く管理ができて、安くリフォームができて、結果、お金が沢山残ればいいと考えています。

結果、「おしい大家」は、入居者から見放されて、管理会社からも見放されて、所有物件の入居率が低下して、収益が低下していきます。

52

▼投資モチベーションを
〈おしい大家〉は、お金から高める
〈できる大家〉は、事業の魅力から高める

「できる大家」は、不動産賃貸業、不動産再生事業に魅力を感じ、事業の成長、拡大にモチベーションを持ちます。事業が育っていくにつれて、業績も良くなり、入居者が喜んでもらえる施策を打っていくことに魅力を感じます。入居者が喜ぶことをコツコツ続けることにより、長期入居に繋がり、結果的に退去が減っていきます。満室経営により、資金的にも気持ち的にも余裕を持つことができます。

「おしい大家」は、家賃収入、テナント収入、不労所得に魅力を感じます。「お金さえ入ってくればいい」という考えのため、徐々に入居率も低下に向かいます。悪い意味で、お金に執着しています。お金の亡者が、周囲から支えてもらえるのか、成功できるのか、考え直した方がいいでしょう。

「できる大家」は、自らの会社、個人が所有する物件をわが子のように可愛がります。手塩に掛けて物件を再生して、入居者に喜んでもらえるようにリノベーション・リフォームを実施します。清潔な物件を心掛け、清掃体制もキッチリと構築します。日々のクリーンな環境を維持することにより、入居者の満足度があがってくることを理解しています。所有物件をわが子のように可愛がる感覚でありながら、投資としての目線も併せて持っています。決して情に流されて冷静な判断ができなくなることはありません。

「おしい大家」は、所有物件を奴隷のように使い倒すつもりです。物件が働いてくれて、家賃を自分に運んでくることが当たり前だと考えています。投資しているのは自分であり、自分がリターンを得ることが、当たり前だと思っています。入居者が家賃を払うことは当たり前であり、入居者が満足してもらえる環境作りをして家賃をいただく感覚はありません。日々のクリーンな環境を維持することに尽力することもなく、いかに経費を抑えて、物件からの入金額を大きくして、所有物件を効率よく働かすかに集中しています。

53

▼人と出会うとき

〈おしい大家〉は、その人の値踏みをする
〈できる大家〉は、その人に縁を感じる

「できる大家」は、不動産賃貸業、不動産再生事業で、人の縁を大事にします。事業だけに留まらず、私生活でも受けた恩は必ず返していくスタンスです。受けた恩は倍以上にして返す事を考えています。さらに、自分自身が成功していくフェーズで、次世代の事業家、やる気のある事業家に対して、何かできることがないかを考えています。自分だけがよければいいという発想は捨てて、周囲の人と成功して、幸せになっていく考え方です。「成功」して、「成幸」を感じていきます。人は助け合い、お互いを大事にしていくことが重要だと理解しています。

「おしい大家」は、利用できる人を利用して、事業を成功させようと考えています。基本的なスタンスとして、人を踏み台にすることをいつも考えています。人を踏み台にして、自分が成功の階段を登っていく感覚です。

自分の意向通りに動かない人間には、お金を使って動かしていけばいいと考えています。人の縁や、義理をないがしろにして、お金の縁でビジネスも進めていきます。人を利用することが当たり前の感覚です。儲かるところに集まるメンバーは、万が一事業が苦境に陥った際は、アッという間に、サーッと自分から離れていくことを理解していません。

本当に事業が苦境に陥って苦しい場面に遭遇して、誰も協力してくれない事実を目《ま》の当たりにすることになります。そうなってから、自分の愚かさにきづくのは、人間のしくじるパターンの定型かもしれません。

出会う人に対して
「こいつは自分の役に立つか
役に立たないか」で判断すると
事業が苦境に陥ったとき
自分も「役に立たない人」と
判断されることになります

結論⑦

1 アクションの起点は常に自分からと心得ましょう。

2 アクションを相手に求めるときは、相手が動きやすいように具体的であるよう心がける。

3 入居者との交流は人に合わせて柔軟に対応すること。

4 「仕事を発注している」という意識が強い大家は、いきおい命令口調になりがち。不動産仲介者、不動産管理会社、リノベーション・リフォーム会社、清掃会社、事業を手助けしてくれる事業者へリスペクトの念を持たないと、結局自分の首をしめることになる。

おわりに……青臭いと言われても入居者目線のほうが結局うまくいく

最後に、一つだけ伝えたいことがあります。不動産賃貸業は、人の住環境を提供する事業です。

青臭いと言われるかもしれませんが、魅力ある住環境を提供して、入居者に喜んでもらう事業です。不動産再生事業は、不動産、土地、建物を再生して、再活用する事業です。倒産して行き場を失った不動産、土地、建物を再生することにより、その街が、その地域が生き返ります。不動産再生事業では、目先の利益を追うのではなく、遠い将来を見て、不動産、土地、建物を再生して、未来ある国、街、地域を作っていけることが魅力だと思います。苦しい中に楽しみもある事業だと私は考えています。

不動産再生事業は、知恵と不動産再生技術がもたらす結晶です。一に入居者、二に不動産管理会社、リノベーション・リフォーム会社、清掃会社、不動産仲介業者、事業を手助けしてくれる業者、最後が、大家・オーナーです。

入居者あっての事業であり、不動産管理会社、リノベーション・リフォーム会社、清掃会社、不動産仲介業者、事業を手助けしてくれる業者あっての不動産再生事業です。周囲の人の「絆」に支えられて事業は育っていきます。その先に、明るい未来があると信じています。私は、不動産再生事業により、一人でも多くの人が幸せとなり、一人でも多くの人がこの事業に携わって良かった、と感じることができるよう日々努力しています。

私は、不動産賃貸事業家、不動産再生事業家、皆さんが事業にチャレンジをして、明るい未来が切り拓かれることを願っています。不動産賃貸事業家、不動産再生事業家が、一人でも多く誕生することで、多くの入居者を笑顔にすることができると思っています。

最後に、いつも私を支えてくれる妻、家族、不動産管理会社、リノベーション・リフォーム会社、清掃会社、不動産仲介業者、事業を手助けしてくれる業者の皆様に感謝しています。入居者の皆さんには、最大限の感謝をしています。本当にありがとうございます。

いつも近くで応援してくれる妻には、本当に感謝しています。家族の応援があるから、不動産再生事業家としてチャレンジができています。「ありがとう」「ありがとう」「ありがとう」。

私の不動産賃貸事業、不動産再生事業の、講演を聞いてもらい応援してくれている皆様、ありがとうございます。私は、多くのサポーターの皆さんに支えられて事業を推進できています。本書籍が、未来の不動産賃貸事業家、不動産再生事業家になる皆さんのヒントになってもらえたらと、切に願っております。本書籍の出版の機会をいただきました、ぱる出版の荒川様、出版関係者の皆様、本当にありがとうございました。

今後も、不動産賃貸事業家、不動産再生事業家の皆さんを応援しています。明るい未来を創っていく、不動産賃貸事業家、不動産再生事業家として一緒に歩んでいきましょう。

なお、本書では「不動産管理会社」「リフォーム会社」など「業者さん」に対する敬称を略しています。これは読みやすさを考慮してであって、決して不動産業界を支えてくれている方々を呼び捨てにしているわけではないことを付け加えておきます。

天野真吾（あまの・しんご）

「湘南再生大家」の愛称で親しまれる不動産投資家。不動産投資と収益物件情報サイト「健美家（けんびや）」コラムニスト。

東京経済大学・経済学部卒業後、国内IT系商社に入社。5年後、外資系ITグローバル（世界最大）企業へ転職。営業畑（企業営業）一筋に勤務する傍ら2008年より「再生」不動産投資に挑戦し、資産20億円・家賃年収2億円にしたカリスマ投資家。

所有物件（12棟・約200戸）：東京都・神奈川県・埼玉県・静岡県・愛知県・福岡県に一棟収益不動産所有。地方と首都圏の物件をバランス良く所有して、収益を最大化する仕組みを構築。

近年はコンサルティング事業にも力を入れ、事業家・不動産投資家の育成にも尽力する。趣味は、約120ヶ国を訪問した海外旅行とテニス。


3年《ねん》で年収《ねんしゅう》1億円《おくえん》を稼《かせ》ぐ「再生《さいせい》」不動産投資《ふどうさんとうし》

2017年8月3日　初版発行

著者　天野真吾
発行者　常塚嘉明
発行所　株式会社 ぱる出版

〒160-0011　東京都新宿区若葉1-9-16
03（3353）2835―代表　03（3353）2826―FAX
03（3353）3679―編集
振替　東京 00100-3-131586
印刷・製本　中央精版印刷(株)

ISBN978-4-8272-1054-5 C0033